用科學告別拖延腦，不靠意志力！

日本名校教授教你透過「行為分析學」解鎖高效人生，讓你零壓力成為行動派

めんどくさがりの自分を予定通りに動かす科学的方法

作者　竹內康二
譯者　林姿呈

序言

如果自己能如期行動，那該有多好！

明明知道有正事該做，卻遲遲沒有行動。

總是提不起勁，導致事情一再拖延。

總是拖到最後一刻才開始動作的人，在生理和心理上都會被逼到極限，痛苦萬分。

好比在工作中，若無法遵守期限，就會失去他人的信任，也會認為自己能力不足，甚至可能產生自我厭惡的情緒。

周圍的人在工作、學習或健康上都穩步前進、不斷成長，為什麼自己就是辦不到……？

「為什麼自己總是無法如期採取行動？」這個問題一直嚴重困擾著我們，消磨我們的精力。

本書主旨在於**解決許多人面臨的問題——「為什麼明知會導致不**

良後果，卻還是無法優先採取行動？」。

只要了解、接受並善加利用這個與生俱來的「行為原理原則」，學會「立即行動」、「不拖延」等習慣的簡單技巧，你將能比以前更確實地「如期行動」。

如此一來，你就能達成目標，確保事情如期完成，找回內心平靜……，生活一定會變得更輕鬆。

●你曾經靠意志力改善過任何行為嗎？

考試快到了，卻無心念書……

很高興接下了重要工作，卻不知為何提不起勁……

脫下來的衣服隨意亂放……

每天都想著明天一定要洗衣服，但已經拖了一個禮拜還沒洗……

廚房已經堆了兩天的髒碗盤……

汽車差不多該進廠保養，卻遲遲未動……

家人生日快到了，已經想好禮物卻還沒購買……
跟爸媽說好要打電話回家，結果過了半年都沒打電話……
明知道要去醫院，卻還沒跟公司請病假……
明明已經安排好出差計畫，卻還沒訂車票和飯店……
上週的工作報告到現在還沒提交……
下屬提交的文件有問題，但覺得當面指責很尷尬，所以一拖再拖……
明明是重要的商務會談，卻遲遲未與對方協調出開會時間……
當初充滿鬥志地加入健身房會員，但至今已經兩個月沒去……

我不過稍微回想了一下曾聽過或諮詢過的「行為煩惱」，寫下來竟然就有這麼多！這個世界可能還存在著許多其他「無法立刻處理」或「不斷拖延」的問題。

人們即使為自己制定了計畫，也不會完全照計畫執行。「稍微拖延一下就好……」，但不知不覺間，事情就已堆積如山，彷彿是困住你的牢籠，吞噬著你的生活，招致悲慘的下場。

當一個人無法按時完成既定目標，就會責備自己，認為自己就是個懶散、愛偷懶的魯蛇！這種心情我完全能理解。

然而，這樣的判斷將會讓你把**無法採取行動的原因，歸咎於「心態」或「個性」，從而阻止你思考其它的可能**。當你對這一切感到無可奈何而放棄時，將無法獲得任何改善。

截至目前為止，你曾經靠「意志力」這種模糊的力量，成功改善過自己的行為嗎？**其實，要提高行動力，需要採取更不一樣的務實方法！**

●歷時八十五年的研究成果，實際執行將立即見效！行為科學能讓人立刻動起來！

本書中介紹的行為分析學有一個很大的特色，那就是不將無法如期行動的原因歸咎於**「個人的意志力」**。

如果我們把意志力薄弱視為無法行動的原因，那麼應對措施就會變成「必須擁有堅強的意志力」這種模棱兩可的答案。這樣一來，將無法成為可以持續執行的方法。

此外，如果將無法如期行動視為「意志薄弱」，這樣的評價只會加重自己精神上的壓力。

實際上，無法如期行動的原因，往往在於「個人所處的環境」。**只要擁有「調整環境的技巧」，調整周圍的人、地點和時間等因素，就能掌控許多行為。**這就是行為分析學的思考模式。

行為分析學是行為科學中的一門學問，其目標在於「預測和控制行為」。

而且這方面的技術研發，已經累積了約八十五年的研究成果。

行為分析學由美國心理學家B・F・史金納所創立。其研究基礎最早可追溯至史金納於一九三八年出版的著作《有機體的行為——實驗分析（The behavior of organisms: An experimental analysis）》。

行為分析學的最大特色，在於其所強調——**「提高行動力」的方**

法，是具有「即效性」的，而且「執行門檻非常低」。

接下來你將會學到這門技術。

●一次解決無法專心、提不起勁和習慣拖延等問題

無法專心，提不起勁……。儘管身為社會人士，我們卻時常做不到「立即行動、不拖延」等基本原則。

那麼，如何才能創造出能夠集中注意力、心無旁騖地全心投入，而且永遠不會半途而廢的理想狀態呢？

如何才能改善惰性、提升行動力並如期完成日常的工作、學業或健康管理等課題，然後心安理得地享受個人時間呢？

面對「無法行動」這個問題，赤手空拳是無法戰勝的。讓我們拿起「行為分析學」這個**由真實資料打造而成的實用武器，奮力應戰吧！**

然後如期行動，按時交出成果。

現今，遠距工作越來越普遍，人們必須在不受他人監督的環境

下，自行管理時間和工作進度。

如果不能如期行動，勢必也難以適應未來社會的變遷。

●根據親身閱歷和教學經驗累積而成的「提高行動力」技能

我的工作是運用行為分析學，解決發生在學校師生或職場上班族中那些用一般方法難以改善的行為問題，盡可能的鑽研出可以實際應用的行為技術。

此外，我還在大學任教，會盡量用淺顯易懂的方式，教導學生行為分析學的相關知識。

「具體可實踐」、「淺顯易懂」，也是我在撰寫本書時特別重視的兩大特色。

根據行為科學應用的方法威力相當強大，這些資訊非常有用，希望讀者能撥冗閱讀。首先讓我們一起進入第一章吧！

竹內康二 敬啟

●本書重點摘要●

善用行為分析學的簡單技巧，行為就在你的掌控之中！

第1章 想要立刻行動、不拖延，絕對不可以靠意志力！

第2章 行為分析學是一種「立即見效、容易實踐」能提高行動力的技術。

第3章 了解人類行為的「四原理」和「一原則」，接受並善加利用，就能成為「立即行動的人」！

第4章 使用五種行為控制法，可以預防拖延！

第5章 了解如何根據行為分析學正確使用工具，就能如期行動！

第6章 善用「溫柔鼓勵」自己的肯定句技巧，即使不順利也不會降低行動力！

第7章 了解在日常生活中巧妙增加行動次數的祕訣，就能輕鬆達成更大的目標！

現在就開始動起來吧！

目次

第2章

如何讓不受控的自己如期行動？「行為分析學」超入門簡介

～從「什麼是行為」到「有效的記錄方法」～

第3章

順應並利用行為的原理原則

～「行為的前後」和「後果出現的時機」控制著我們的行為～

第4章

蛻變成全新的自己！五種行為控制法

～實踐行為分析學！～

第5章

創造行動力的具體措施

～聰明運用「行程安排」、「待辦事項」、「強制啟動」與「時間利用」的技巧～

第6章 試了各種努力還是進展不順時，要懂得自我關懷

~無論何時，都要「不厭其煩」且「溫柔」地鼓勵自己~

第 1 章

在行為科學中，不用意志力！

～「不拖延、立即行動！」
為了讓所有人都能實踐而研發的技巧～

「立即行動」的行為科學

請試著想像你被指派了一項重要任務。

由於時間上還相當充裕，你顯得遊刃有餘，認為只要一步步完成工作，一定可以做得很好。

你認為先把瑣事一一處理完畢，就能更專心投入在這項重要任務上，於是開始處理一些無關緊要的雜事，遲遲沒有動手去做真正重要的工作。

偶爾你會試著開始動工，但始終提不起勁，時間就這樣一分一秒過去。在此同時，截止期限也越來越接近。

終於，你準備好要認真投入工作，卻感到力不從心，遲遲沒有動力工作。

好不容易集中精神開始工作，卻因為一些小事而分心，進度緩慢。

你打算等某天時間更充裕時再來做，所以決定今天先放下工作，計畫在沒有其他工作的日子裡，一口氣完成。

然而，到了那天早上，你完全沒有心情工作。你試圖先打掃環境來轉換心情，整理完畢後，卻因為肚子餓而無法集中精神。

所以，你計畫先填飽肚子，再一口氣完成所有工作，但就是提不起勁。

深陷這種反覆拖延模式的人，其實出奇地多。

說到底，這是自己當初奮力擠進的公司，照道理應該不是不想做這份工作，但不知為何就是遲遲無法動工。

自己也明白，這次是因為至今的努力獲得認可，才會被委以重任，內心也渴望回應眾人的期待，卻還是忍不住一拖再拖……。

明明很想做卻沒有做到的是自己——。

儘管明白「這是非做不可的工作」，卻總是拖到最後一刻的，也是自己——。

為什麼會出現這種情況呢？

本書的目的，就是教你運用「**心理學**」的力量，尤其是「**行為科學**」的力量——更具體來說是「**應用行為分析學**」的力量，來幫助你改變做事不如預期的自己。

也就是說，根據應用行為分析學之中的思維，來促進或停止行為的發生。

我們生活在社會中，經常需要面對並處理各種問題。或許絕大多數的問題，都是源於「自己沒有如期採取行動」。

許多人因「無法立刻動工」或「習慣拖延」而遇到許多困難。

我們需要強化行為科學的知識，學會如何應對自己無法如期行動的情況。

如果懂得掌握行為分析學，生活會變得更輕鬆。

人們最容易拖延的三件事

工作、學習與健康管理，這是人們最容易拖延、總是無法如期進行的三件事。

當然，拖延也可能發生在許多其他領域，但這三項拖延的情況尤為顯著。

明明是必須做的事……明明是很重要的事……但不知為何，就是遲遲無法動手，老是把事情擱置在一旁。不論是重要的工作、準備資格考試或是減重計畫等，全都一再拖延。

這是為什麼呢？

畢業論文這種高度自由發揮的課題，特別難以著手進行。

明明知道不完成就無法畢業，內心也想趕緊寫完一勞永逸，但就是遲遲動不了筆……。直到截止日期逼近，周圍的同學論文都有所進展，指導教授也不斷鞭策鼓勵，但就是提不起勁……。

這是為什麼呢？

還有最典型的例子就是健身房。想要減重，但不想節制飲食，所以決定去健身房運動。

人們在挑選健身房時，經常會假設自己「天天去」，精挑細選設備良好的地方，但真正加入後，實際踏入健身房的次數往往不如預期，幾個月後就幾乎不再去。

某健身房老闆曾說過：「健身房之所以會賺錢，是因為很多會員都不常來健身房。雖然他們幾乎不會來，但每個月都會繳錢，這真的很感謝。」

人們並不是沒有想去的意願，但就是提不起前往使用的頻率。

這是為什麼呢？

思考「如何增加幹勁」只是徒勞 ←

無論是工作、學習或健康管理，如果不採取行動、置之不理，都絕對不是好事。有時，甚至可能招致嚴重的後果。

如果在工作上不遵守截止期限，可能會造成損失、失去信譽，甚至危害個人的社會地位，帶來心理上的壓力。

不認真學習，就無法取得自己需要的資格或學位。得不到成果，先前所投入的時間、金錢和精力也都將付諸流水。

更不用提，如果健康檢查的結果滿江紅，一旦放任不管，可能會提高罹患疾病的風險，例如高血壓、腎臟疾病或肝功能障礙等等，有些疾病甚至無法痊癒，被迫過著極度不方便的生活。

儘管健康檢查顯示了明確的數據，世界上也已經有許多方法可以改善，人們卻經常視而不見，不採取任何行動。

儘管心裡想著「遲早會做」或「總有一天會做」，但這個「遲早」和「總有一天」卻遲遲沒有到來。

面對拖延的自己，大多數人會如何分析自己的拖延行為呢？我猜許多人會找理由責怪自己，像是「我不夠好」、「意志力薄弱」、「根本沒有決心去做」等等。

這樣的想法會促使人們自我反省，並產生一種幻覺，認為下次會做得更好，但在多數情況下，這並不會改善任何行為。

如果自我分析後，把原因歸咎在「沒有幹勁」，很容易陷入拖延症的陷阱。

為什麼人們會判斷是因為「沒有幹勁」呢？

因為他們並沒有實際採取行動。他們只是看著沒有採取行動的結果，就認定自己「沒有幹勁」。

相反地，那些全心全意投入在工作上的人，絕對不會認為自己

「沒有幹勁」。

「我採取行動時，表示我有幹勁；我沒有採取行動時，表示我沒有幹勁。」這樣的分析對改善行為一點用都沒有。

無論是工作、學習或健康，每個人都已經擁有驅使自己採取行動的「強烈動機」，認為有必要，也願意努力去做。

換句話說，**思考「如何讓自己產生幹勁」這個問題其實毫無意義，我們真正應該思考的問題是：「既然有想做的意願，那麼為什麼不做？」**。

如何避免陷入「無法行動」的迴圈

為什麼明明知道事情很重要，卻總是拖拖拉拉呢？

因為人類擁有**「即使有動機和幹勁，也無法採取行動」的機制**。

千萬不要錯誤地以為「自己做不到是因為沒有幹勁」，而開始思考要如何提振幹勁之類的問題。

已經擁有幹勁卻以為沒有，拚命煩惱著如何恢復幹勁，這樣做沒有任何意義。

重要的是思考如何將現有的幹勁「化為實際行動」。

「沒有幹勁」的分析法，稱為**「循環論證謬誤」**。

這是一種反覆用「不成解釋的說法來進行說明」的現象。

例如，假設有人對「為什麼不做該做的事？」的問題（問題一），回答「因為沒有幹勁」。

接著進一步追問：「為什麼你會知道自己沒有幹勁？」（問題二），他又回答「因為沒有做該做的事」。

在這種情況下，「沒有幹勁」的回答並沒有解釋到無法行動的原因。

到頭來，對於「為什麼不做該做的事？」的問題，只不過在回答「因為沒有做該做的事」之前，多回答了一句「沒有幹勁」而已。

名為「沒有幹勁」的循環論證

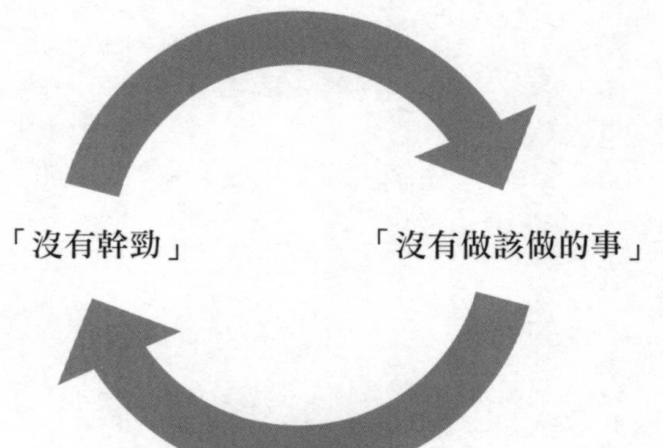

解決拖延症的關鍵

即使沒有如期行動，否定自己「沒有幹勁」也無濟於事。

想要解決拖延症，需要冷靜觀察自己平時的行為模式。觀察時有兩個重點。

- **拖延究竟是什麼現象？**
- **不做該做的正事，反而做了哪些事？**

當一個行為模式反覆出現時，你心中最好要有個底——這個模式並非偶然，而是必然會發生。

而且在其背後必定有某種「關鍵事件」，導致這個模式的形成。

當一個人意識到事情未如預期發展時，或許他已經從中得到了某些回應。

人類與生俱來的劣根性

舉個例子，小明對自己遲遲無法著手處理重要工作的行為，感到相當困擾。

日後問他「那份工作後來怎麼樣了」，最後似乎還是趕上了截止期限。

他總是等到截止時間迫在眉睫才開始動工，並在最後緊要關頭衝刺，勉強完成任務。也就是說，**結果並沒有想像中那麼慘。**

其實，這才是問題所在。

如果小明真的遭遇到慘痛經驗，他一定會想辦法避免以後重蹈覆轍。然而，因為情況並沒有想像中糟糕，所以他也沒有認真採取防範措施。

但這種為了應付交期而草率完成工作，長遠來看可能會逐漸累積問題。

即使按時完成工作，但如果交付的成品完成度很低，且包含多處錯誤，這將降低你的信譽。這些不好的評價，可能就在你不知情的情況下散播開來。

這些評價會逐漸滲透蠶食，在不知不覺間影響你的人際關係，工作和金錢也都會離你而去。

然而，這種惡果並不會立刻顯現，而且人們很難察覺問題正在發生，因此也很難促使他們改進行為。

即使沒趕上最後期限，通常不斷再三道歉，大多都能安然度過當下的難關。

若是能對遲交給出一個合理的理由，還能得到他人的諒解，甚至可能得到協助。

我們有一個可悲的習性，就是我們會試圖尋找藉口，而不是試圖改正事情被拖延的情況。

反正藉口多說幾次就會熟練，越熟練就越容易成功脫身。

當成功脫身的經驗愈來愈多，反而讓人更難以認真想要改善拖延的問題。

我們的行為看似複雜，但背後的原理卻相對簡單。

「即使不認真做，也沒遭遇什麼慘痛經驗。拖延也沒關係。」

至少，從當事人的角度來看，就是如此。

「用科學控制行為」是最快的方法！

再次重申，我們不能將自己沒有如期行動的原因，歸咎於——「沒有幹勁」這種循環論證的謬誤之中。

分析「導致無法行動的機制」才是最重要的關鍵，否則我們將永遠找不到改善行為的方法。

這一點，需要借助行為科學的力量，而不是依賴意志力來解決。人類對於自我的掌控和管理，仍然處於一種相對無知的階段。我們經常帶著誤解、錯覺或成見，來解讀自己的行為。

沒有採取行動時，許多人會「找藉口」或「試圖透過自我否定來反省自己」，卻拿不出實際的解決方案。這是因為人們還不夠懂得運用「自我驅動的技巧」——這是根據心理學和科學等理論建構出來的方法。

即使擁有某方面的知識，我們也未必能將其充分應用在生活中。

我們在日常生活中的複雜行為，會受到多種因素影響。

即使重複做著相同的行為，我們也不是在做完全同樣的一件事，每次都會產生細微的變化。

但是，儘管這個世界交織著多種因素，錯綜複雜，我們也不能放任自己停滯不前，深陷在其中。

我們所能做的，就是收集目前能夠理解或已知範圍的人類行為，提出假設，並反覆驗證。

行為科學研究人員透過假設和驗證，累積了大量的知識。透過這些知識，我們可以從更宏觀的角度來審視自己的行為，並加以改善。

就如同反覆試穿、直到找出合腳的鞋子一樣。我們需要努力多方嘗試，才能找出適合自己的行為控制方法。本書將介紹多種方法，幫助你克服拖延症、立即行動。

請務必多嘗試看看！

努力探索可以督促自己的方法，儘管這段過程會相當艱辛，但絕對值得你投入時間和心力。

因為只有擺脫拖延的藉口，才能跳出自我否定的迴圈，這些價值是無法估量的。

了解行為科學，你將穩健且確實地感受到行動所帶來的好處。

讓原本愛拖延的自己，按照計畫做該做的事。

第 2 章

如何讓不受控的自己如期行動？「行為分析學」超入門簡介

～從「什麼是行為」到「有效的記錄方法」～

人人都能輕鬆提高行動力的研究

沒有立即處理……總是會拖延……

「總是沒照計畫如期行動。」這個煩惱，就借用行為科學的力量來解決吧！在行為科學中，應用行為分析學這門學問非常實用。本章將介紹應用行為分析學的特色，並運用其中的觀點**分析「為什麼人類無法按照計畫如期行動」這個問題。**

應用行為分析學通常被包含在「行為分析學」這門更廣泛的學術範疇之中。

這是由美國心理學家B．F．史金納所創立，顧名思義就是「分析行為的學問」。

「分析」的意思是「找出影響行為的因素（環境變數）」。換句話說，行為分析學是一門探究有關「導致某些行為發生的環境因素」

的學問。

此外，利用行為分析學中得到的知識來改善行為，揭示其效果的學問體系稱為應用行為分析學。

舉例來說，截至目前為止，應用行為分析學在支援身障人士的領域，取得了相當顯著的成果。

有些障礙人士或兒童即使聽到口頭指導，也無法立即做出相應的行為。因此，需要採用特殊方法來引導他們行動。

應用行為分析學就是專門在研究「促使『難以行動的事』行動起來的方法」。

因此，應用行為分析學中有許多知識與見解，對於那些無法按照計畫如期行動的人來說非常實用。

在深入閱讀本書前，了解應用行為分析學的基礎知識非常重要。因此，以下我將整理介紹應用行為分析學的「**特色**」與「**優點**」。

相信一定能應用在各種「無法如期採取行動」的困擾上，並提供解決方案，因此誠摯希望你能仔細閱讀。

面對各種情況的應變能力和豐富的心智，往往需要天生的直覺和發想力。然而，直覺和發想力必須建立在了解理論的基礎上。

改善行為，從「不責怪自己」開始

人們在行為上主要有兩種煩惱，一種是「不該做卻做了」，另一種是「該做卻沒有做」。

行為分析學在探討行為的原因時，並不會只把焦點放在當事人的能力或特質上，反而會「特意重視」當事人周圍的環境（包括他人的影響）。這一點可說是行為分析學的特徵。

容我不怕誤會地再說得直白一點，這意味著行為分析學在**尋找行**

為的原因時，重點不在當事人身上，而是周圍的人和環境。

這對分析自己為什麼不能如期採取行動，提供了一個非常重要的觀點。就算把無法如期採取行動的問題，歸咎於意志力，也不會讓意志力變得更堅定。同樣的，將行為的原因歸咎在當事人的意志力薄弱，也無法解決問題。

即使在當下靠意志力成功地激發了行為，也很難維持下去，改變也往往多半是暫時的。

與其將行為的原因歸咎於當事人，不如從當時的地點、對象或截止期限等環境因素著手，反而更有機會改善行為。

因為這樣一來，就能從**「改變這些環境因素」來改善行為**的觀點出發。

不要每次出現問題就責怪自己，應該把心力擺在改善導致問題的環境。

因為總是「不清不楚」，所以無法行動

應用行為分析學原則上是透過「觀察行為」，尋找問題的原因所在。觀察行為也包括記錄和測驗。

因為在諮商過程中，光從當事人的談話內容，也無法充分釐清行為的根源。

這個發生原因在於**「人們通常也不清楚自己為什麼會做出那些行為」**。

我們並不會仔細記住自己過去的所有行為，就連幾天前吃的東西也時常回想不起來。除了某些強烈撼動情緒的事情以外，大多都只會留下模糊的印象。

「昨天明明有工作要做，你為什麼沒做？」即使這樣詢問對方，通常也只會得到「我還有其他事要忙」之類的回應。

「你上次做這項工作是什麼時候？那時花了幾分鐘？」即使追問具體細節，也不太可能得到明確的答案。

人們並不善於觀察自己的行為。

如果你想讓自己如期行動，就必須接受這個事實。

應用行為分析學非常重視從外在環境因素作為行為的原因。透過觀察行為發生時的情境，就可以分析影響該行為的因素，例如地點、人物、時間等等。

一直以來，應用行為分析學研發了許多方法來觀察和分析行為。

立即見效！有憑有據！實踐門檻低！

應用行為分析學不僅研究分析行為的方法，也累積了許多關於如何增強、減少或塑造行為的技巧。

行為分析學的目的不僅在於分析人們的行為，更在於「預測和控制行為」。

增加期望的行為、減少非期望的行為。

此外，行為分析學也很重視研發塑造新行為的具體方法，並將焦點擺在驗證其效果的過程。

行為分析學並不是一個抽象的方法論，而是根據具體案例的資料，研發出實用的「行為技巧」（也就是一種助人技巧）。

應用行為分析學的實踐與研究一直著重在研發「可以立即見效，且實際實施負擔更少的方法」。

儘管在書中無法介紹所有方法，但我精選了一些有效方法，介紹如下。

【重要】第一步是利用死人測試來判斷「行為」

前面我們談到分析行為的重要性，但話說回來，「行為」到底是什麼？行為的定義可以分出許多種層次，不同的學問領域也會有不同的解釋。

例如，行為可被定義為「由肌肉和腺體進行的所有活動」。然而，在如此廣泛的定義下，我們無法具體理解行為的樣貌。

因此，為了簡單判斷「是否為行為」，科學家提出了「死人測試」的判斷基準，**將行為定義成「死人做不到的事」**。

據說，死人測試是由行為分析學創始人史金納的嫡傳學生奧頓・林斯利所提出。

根據這個測試，死人不能做的，就是行為；死人也能做的，不算

行為。

例如，被車撞、不能笑、被點名、不回答、保持安靜、不打招呼、被主管稱讚等等，這些**死人也能做到，所以不能算是行為。**

咬指甲、做夢、想像畢卡索的畫、電影最後一幕令人揪心、流口水、思考今晚晚餐菜色等等，這些都是**死人做不到的事情，所以是一種行為。**

有人可能會懷疑「探究是否為行為，究竟有什麼意義？」，但其實行為的判斷非常重要。

●例如想改善「不打招呼」的習慣，方法會因表達方式而不同?!

如果具體表達「不打招呼」這個狀況，可能是「同事在路上向小明打招呼，他卻沒有給予回應」。在這個情況下，與其說是「同事打了招呼，但小明沒有給予回應」，不如說是「同事打了招呼，但小明繼續走路」，這個說法更能清楚表達小明的行為。

在分析「為什麼不打招呼」的行為時，這兩種描述方式的差異非常大。

如果採用「即使打了招呼，對方也沒有回應」的描述，就沒有足夠的資料可以進行分析，人們很容易隨便推測，比如「對方可能不擅長社交」。這種方式，顯然無助於行為的改善。

然而，在採用「即使打了招呼，對方也繼續走路」的描述時，打招呼的人或許就有機會發現「說不定對方只是沒有察覺到我向他打招呼」。

此外，如果是「即使打了招呼，對方也依舊快步前進」的情況，不難想像「對方可能正趕著前往某處」。

也就是說，**根據人們如何描述和表達希望改善的行為，會影響我們對原因的推測**。

當然，後續的改善措施也會有所不同。

例如，主管B找我諮商：「最近A的表現很奇怪，常常無法專心工作，該如何改善這個情況？」在回答之前，我必須先問清楚：「A實際做了哪些行為？」

「不專心」是死人也能做到的事，所以不能算是行為。了解當事人做了哪些死人不能做的事，也就是找出「當事人做了什麼具體行為」這一點非常重要。

假設「不專心」實際上指的是「正在睡覺」的行為，那麼改善方法可以是給A一杯咖啡提神，或建議他早點休息。

如果「不專心」實際上指的是「太常和同事聊天」的行為，那麼明確告知當事人和同事工作時的規則和禮儀，應該就能解決不專心的問題。

在思考「不做某某事情」或「無法做某某事情」的問題時，不妨先根據死人測試，將之轉換成「當事人正在做某某行為」的描述，或許就能從中找出改善行為的線索。

此外，行為有分肉眼可見的顯性行為（比如咬指甲），和肉眼不可見的隱性行為（比如思考菜單）。

思考、認知、評估和想像這類也都是一種行為。

雖然隱性行為不容易被他人察覺，但只要當事人有所覺知，且能清楚闡述表達，就可以視為一種行為。

重要的是該行為是否帶來了某種結果。也就是說，如果一個行為對物理環境或社會環境產生了某種影響或作用，就可以被稱作是「行為」。

例如，如果「精心規劃菜色」後，製作出了美味佳餚，這個結果就對物理環境產生了影響；假設朋友吃得津津有味，那麼這個結果也對社會環境帶來了影響。

行為分析學的作用

——增加「期望的行為」，減少「非期望的行為」

應用行為分析學將希望改變的行為稱為「**目標行為**」。目標行為可以是「期望的行為」，也可以是「非期望的行為」。

行為分析學將行為上應解決的問題分成下列兩種。

●1 行為不足

當缺乏期望的行為時，我們會**以「期望的行為」作為目標行為，設法提高該行為的頻率、持續時間和強度**。

然而，在設定目標行為時，有一些需要注意的地方。

例如，在處理銷售額不足的問題時，不應將「提高銷售額」設定為目標行為。

銷售額是成果，不是行為。目標行為必須是影響銷售額的行為。

舉例來說，雖然簽訂產品合約確實會影響銷售額，但「簽訂合約」也更類似一種結果而非行為。

「產品說明」或「撰寫合約」比較稱得上是行為。

如果能找出影響問題的「具體的目標行為」，就有機會朝解決問題邁進一步。

● 2 行為過多

當非期望的行為過多時，我們會**以「非期望的行為」作為目標行為，設法減少該行為的頻率、持續時間和強度。**

例如，一天內多次詢問同一個問題，就是一種非期望的行為。如果只詢問一次，並不算是什麼問題，但三番兩次地追問，就會造成別人的不愉快。

又好比在工作中暫時離席幾秒鐘並不是什麼問題，但如果離席超過十分鐘，這就有問題了。

當一個人的自言自語音量很小時，問題並不大；但如果說話的音量很大，就會是一個問題。

也就是說，如果問題出在這些行為層面（頻率、持續時間和強度）遠遠超出某種程度時，那麼只要降低行為層面的程度，問題就會迎刃而解。

總之開始記錄，就能見效！

←

「增加期望的行為，減少非期望的行為。」

要解決行為上的問題，需要選擇合適的目標行為，並設法增加或減少該行為。

〈不當行為的程度與趨勢〉

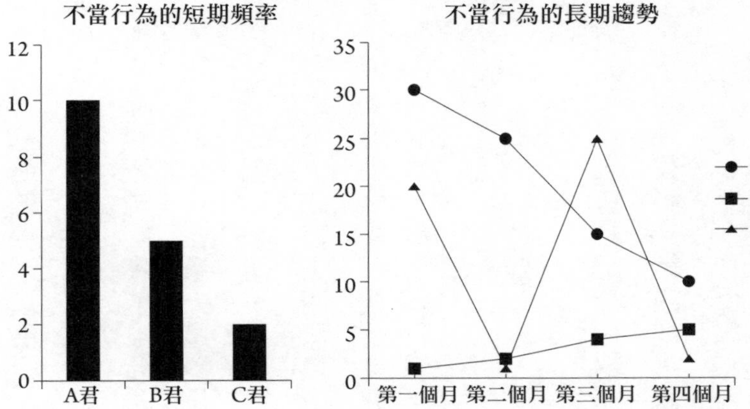

記錄行為的增減變化，可以有效達成這個目的。

在評估目標行為時，不應單純與其他人比較行為次數的多寡，更重要的是比較自己的過去和現在，觀察並確認該目標行為是否有增加或減少的趨勢。

舉例來說，上圖左側的柱狀圖顯示，A、B、C三人在某個月中發生不當行為程度。

圖中顯示，A出現不當行為的次數最為頻繁，看上去他可能最需要緊急支援。

然而，右側的線形圖顯示相同行為在過去四個月的趨勢，可以看出A的不當行為呈現急遽減少趨勢。

柱狀圖的資料反映了線形圖中第四個月的資料。

也就是說，A在過去幾個月中展現了行為明顯持續改善的趨勢，目前適合從旁觀察，而不是進行干預。

相形之下，在過去四個月中，B的不當行為略有增加趨勢，儘管幅度不大，但仍然需要進一步分析原因。

另外，由於C的不當行為在每個月都有明顯波動，因此也建議分析其背後的原因。

誠如所見，持續記錄行為，有助於判斷是否需要解決問題。

接下來，我將介紹四種常用的行為記錄方法。

①「連續記錄法」：幫助了解特徵，改善行為

連續記錄法是在觀察期間，每當發生目標行為便加以記錄的方法。可根據以下類別進行記錄。

【頻率】在一定的時間內發生的次數

例如，將提問次數（十次）除以觀察時間（兩小時），即可計算出發生頻率（五次／小時）。

【持續時間】行為開始到結束之間的時間

例如，將專注在電腦工作的時間（一小時）除以總工作時間（五小時），即可算出持續時間百分比（二〇％）。

【強度】行為的強度

例如，使用分貝計測量音量大小，利用握力器測量握力的恢復程度，或是以五等級法（非常平靜、平靜、普通、興奮和非常興奮）來評量癲癇發作的嚴重程度。

透過這種方式，即可計算出行為的強度。

【潛伏期】某個刺激出現後，到某個行為發生的時間間隔

例如，在聽到「請收拾工具」的指令後，到真正開始收拾工具之間的時間間隔；從聽到「請安靜」的指令開始，到真正安靜下來之間的時間間隔；又好比工作鈴聲響起，到真正回到工作地點之間的時間間隔等等。

這一點在團隊生活中尤為重要。潛伏期的時間一長，就有可能會影響到同事工作的情況。

舉例來說，假設你想準備某個認證考試，卻遲遲沒有開始念書，十分苦惱。

為了分析問題所在，你把目標行為設定為：「坐在書桌前，打開要念的書本或開啟電腦，認真學習」。

然後，**在接下來的兩週，記錄目標行為。**記錄內容如下：

「一天當中，坐在書桌前的椅子上幾次？」

「每次坐在椅子上讀書的持續時間大約是多久？」

「在學習時，專注程度如何？」（例如，可以分成「非常不專心」、「不專心」、「普通」、「專心」、「非常專心」，按照一到五分來評分。）

「從興起『來念書好了』的想法，到實際坐下並翻閱資料之間的時間間隔大約多久？」

這會幫助你**清楚掌握自己的行為模式。**

例如：

- 雖然只要坐在書桌前多半都會念書，但問題是很少坐下來念書。
- 只會在週末念書，平時碰都不碰。
- 可以集中精神專心念書的時段與地點。
- 原以為在某個地方可以集中精神，但實際上無法專心。
- 特地為了念書騰出時間，但興起念書的念頭後就一直做其他的事，拖了很久才開始念書，潛伏期非常長。

諸如此類的，你可能會發現這些事。

只要了解行為的特徵，制定對策就不再那麼困難。實際上，在許多情況下，光是了解特徵，行為就會開始改善。

②「產物記錄法」：減少應該停止的行為

產物紀錄法是**記錄目標行為發生時自然產生的產物**。包括製作的產品數量、報告中錯漏字的多寡、打掃時收集的垃圾重量等等。

舉例來說，假設一個人為了健康想減重，如果他發現自己攝取過多的含糖碳酸飲料，那麼就可以設法減少「喝碳酸飲料」這個目標行為。

這時，如果把喝完的寶特瓶放在垃圾袋中保留一星期，就可以計算出他在一週內喝了幾公升的碳酸飲料。

知道具體數量後，既能換算出攝取的卡路里，也能輕易設定減量時的實際目標（例如減少一成的飲用量）。

③「區間記錄法」：了解自己

區間記錄法是將觀察時間分成若干區間，並記錄每個「區間內」是否出現了目標行為。時間的長度取決於目標行為的特性，範圍可以是幾秒，也可以是幾分鐘。

例如，將六十分鐘的工作時間分成十二個五分鐘的區間。接著計算其中與工作無關的閒聊區間數（三個），就可以計算出目標行為的發生率（3÷12×100=25%）。

你是否發現自己明明想專心工作，卻總是在看網路新聞或社群平台？這時，區間記錄法就是一個很好的方法，可以將「瀏覽網路新聞或社群平台」設為目標行為，記錄瀏覽的區間，藉以掌握實際情況。

將八小時的工作時間分成十六個三十分鐘的區間，假設有八個區間內出現了目標行為，那麼發生率就是50%。

只需記錄五個工作天，就能掌握自己做出目標行為的實際情況。這樣一來，就能決定是否採取對策減少目標行為或暫且觀望。

④「瞬時取樣法」：杜絕拖延

瞬時取樣法是**將觀察時間分成若干個區間，並記錄每個「區間的特定時間」是否出現了目標行為**。

例如，每隔二十分鐘觀察一次對象（有時可能是自己），記錄對象的姿勢是否良好。

假設每二十分鐘記錄並累積了十次紀錄後，其中如果記錄到五次姿勢良好，則從算式【5÷10×100=50】得出的50％發生率，即表示當事人有50％的時間保持良好姿勢。

這個方法的優點是不需要時時持續觀察，因此記錄的負擔較小。然而，不經常發生或持續時間較短的行為（例如眨眼、打哈欠等）很難在預定的特定時間觀察到，因此不適用。

這個方法適用於那些會在觀察情境中占用大量時間的行為。舉例來說，這個方法很適合用來記錄自己當下所在的位置。

如果你發現自己明明沒有重要的事，卻在工作場所中到處閒晃，迴避辦公作業。為了掌握實際情況，不如設定手錶或手機每隔三十分鐘震動一次，然後在震動的瞬間，記錄自己當時是在辦公桌前，還是在其他地點。這樣你就能明白自己到底迴避了多少工作。

想要「增加期望的行為，減少非期望的行為」，藉以改善行為，第一步是記錄行為的增減情況。

為了立即採取行動，避免拖延，請了解這些記錄方法，並實際記錄自己的行為，相信這將成為你改善行為的好機會。

第 3 章

順應並利用
行為的原理原則

～「行為的前後」和「後果出現的時機」
控制著我們的行為～

改善行為的超級基本技術「ABC分析」

應用行為分析學的特色之一，是**根據前後狀況來分析行為**。

出現問題行為時，應用行為分析學會從行為前的狀況找出「**引發該行為的誘因**」，並從行為後的狀況分析「**是否出現了促使該行為反覆發生的後果**」。

這種將某行為連同其前後狀況一起分析的方法稱為「**ABC分析**」（三期後效關聯）。

ABC分析的名稱取自英文單字的**Antecedent（前因）**、**Behavior（行為）與Consequence（後果）**的第一個字母而來。ABC分析是應用行為分析學方法中最重要的理論架構。

首先就問題行為進行ABC分析，釐清該行為的前後狀況，也就是A（前因）與C（後果）。

接著透過**改變影響該行為的A或C，來改善B（行為），是ABC分析的基本技巧**。

舉個例子，我們來看看撰寫商業文件的情況。

假設主管要求小明：**「這份你自己做的文件拿回去看看，仔細檢查有無錯漏字。」**他回覆**「我晚點再做」**，推遲了檢查的作業。

這時，可如下圖進行ABC分析。

這個情況的前因是主管要求小明檢查文件，他回覆「晚點再做」，推遲了檢查錯漏字這件事。

由此可以發現，小明透過這個行

ABC分析的例子

前因		行為		後果
主管要求檢查文件有無錯漏字	→	回覆「晚點再做」	→	避免發現錯漏字的負向體驗

為**「成功避免了檢查錯漏字這項需要高度專注力的工作，也避開了發現錯字時令人不快的負向體驗」**。

許多人都了解檢查錯漏字非常重要，但因為是「麻煩」的工作，所以容易往後拖延。

然而，光是嫌「麻煩」，並不能解決問題。我們必須思考這個「麻煩」所隱含的真正意義。

人們之所以覺得檢查錯漏字「很麻煩」，是因為這項工作在尋找自己的錯誤，涉及自我否定，而且如果發現錯誤，會承受巨大的精神壓力。

為了避免這種自我否定的體驗而推遲檢查工作，這在情理中是可以理解的行為。

不過，這時必須思考「該如何應對」這種精神上的負擔。

誠如以上，在ABC分析的框架中探討那些平時解釋模糊的問題，可以幫助我們簡單明瞭地理解問題所在，找出對行為的合理解釋。

原理1 「增強」：正向後果會導致行為一再增加 ←

例如，假設你在家中客廳工作時，電視節目中突然出現了你喜歡的演員。你很想欣賞這位演員的表情和聲音，便停下手邊工作，繼續觀看電視。

按照ABC分析法來分析這個場景，前因是「**電視上出現了自己喜歡的演員**」，行為是「**看電視**」，後果是「**觀看欣賞喜歡的演員的表情和聲音**」。

即使一開始只打算稍微看一下，但當你持續觀看直到演員從畫面上消失，看電視這個行為已經受到強化。

在做出某個行為後，如果緊接著出現對當事人有利的結果（後果），那麼該行為就會被增加或強化。這個現象在人類和動物身上普遍可見，因此稱為「**增強原理**」。

就好比我們吃東西，如果覺得美味，就會再吃一口。與人打招呼，如果對方以笑容回應，雙方通常會繼續交談。

一般認為人類與生俱來的學習機制，就是當我們做出自發性行為後，如果得到正向回應，之後通常會偏好反覆進行相同行為。

所以你不妨試著在自己也擁有「增強原理」機制的前提下，來分析自己的行為。

●1 呈現型增強（正增強）

在前個例子當中，對當事人有利的後果是**「欣賞到喜歡的演員的表情和聲音」**。

在「行為後立即出現」，並「導致未來行為增加」的刺激或事件，稱為「增強物」，就好比此處的「欣賞到喜歡的演員的表情和聲音」。

換句話說，當你察覺自己的自發性行為反覆發生時，自然就應該思考該行為已獲得增強。

緊接在行為後立即出現，並對該行為反覆發生發揮了重大影響的刺激或事件，就是所謂的增強物。

例如，假設一個人喜歡吃洋芋片並經常食用，那麼增強物可能是食用後立即產生的味道或口感。

雖然經常食用洋芋片的其他理由，可能是價格低廉或方便購買等等，但這些不是食用後的結果，因此不能稱為增強物。增強物是接續在行為後發生的事物。

接下來，書中會經常出現增強物這個術語，請牢記它的定義。

此外，**增強物的出現促使行為增加**

呈現型增強的例子

前因		行為		後果
電視上出現了自己喜歡的演員	→	看電視	→	欣賞到喜歡的演員的表情和聲音

的現象，稱為「呈現型增強」或「正增強」。

此處的「呈現」指的是像味道或口感這類原本沒有的刺激，透過食用的行為而出現。

也就是行為造成了增強物的出現，而且這個結果會促使未來行為增加並反覆發生。

●2 撤離型增強（負增強）

呈現型增強是指行為發生前，原本不存在的刺激或事物在行為發生後出現，導致該行為的頻率或強度增加的現象。

相對地，若產生**「行為發生前既已存在的事物消失」的後果，導致該行為發生頻率或強度增加的現象，則稱為「撤離型增強」或「負增強」**。

簡言之，撤離型增強是在行為後**「負面刺激消失」導致該行為增加的現象**。

例如，假設吃止痛藥後，頭痛的負面刺激消失，那麼未來頭痛時也吃藥的行為，就是明顯的撤離型增強的例子。

又好比當我們專心工作時，會產生眼睛疲勞或肩膀僵硬等疲憊感。相信對大多數人來說，眼睛疲勞或肩膀僵硬都是一種負面刺激。

假設這時喝杯咖啡轉換心情，或是做伸展運動後，疲憊感消失。這之後如果反覆出現喝咖啡或做伸展運動等行為，就可以認定為形成了撤離型增強。

如果可以適度消除疲憊感，繼續

撤離型增強的例子

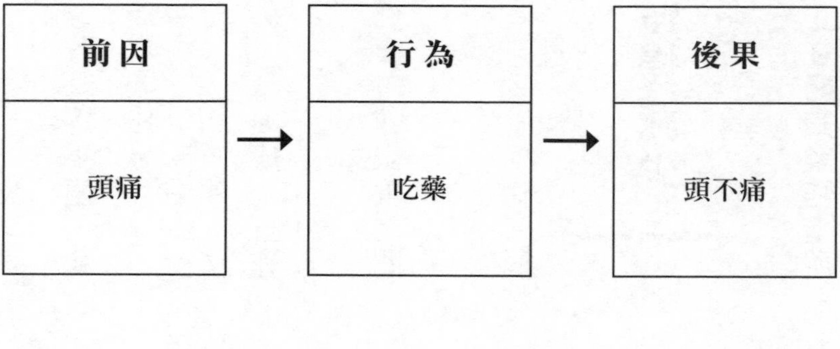

工作，喝咖啡或做伸展運動都可說是適當的休息。

然而，出現過度的負增強，比如攝取過多咖啡導致腸胃不適，或是長時間做伸展運動造成工作停滯不前，則屬於不適當的休息。

休息藉以控制疲憊感，是如期行動的重要技巧。

不過，如果過度增強休息的行為直到疲憊感消失，會變成一直在休息。

確實理解負增強的機制，有助於掌握減輕疲憊感與工作表現之間的平衡。

原理2 「懲罰」：負向後果會導致行為慢慢減少 ←

讓我們一起來想想下面這個例子。假設，小明**正在閱讀業務上所**

需的手冊，但由於內容太過艱深，導致閱讀速度變慢。行為後如果立即出現負面感受，會導致行為減少，或強度減弱。

體會到難以理解的經驗，不僅會降低閱讀手冊的速度，也可能會減少閱讀次數。

這種因行為後立即發生的負面效果，導致未來行為減少的現象，在行為分析學中稱為「懲罰」。

同樣的，懲罰原理也是我們人類與生俱來的特性。

就像我們不會繼續吃那些會令人噁心想吐的東西，或是選擇遠離那些曾對自己大聲斥責的人。

與增強原理相同，懲罰也可分為「呈現型懲罰」與「撤離型懲罰」兩種。

●1 呈現型懲罰（正懲罰）

為了理解手冊內容，導致閱讀速度變慢，就是呈現型懲罰（或正懲罰）的例子。

在這個例子中，在閱讀手冊的行為後緊接著出現**「艱澀而無法理解的體驗」**的負面刺激，使得行為發生頻率減少或強度減弱。

呈現型在此的意思是負面刺激或事物「於行為後立即出現」。

這種**「行為後立即出現」**並**「導致未來行為減少」的刺激或事件，稱為「懲罰物」**。

如果食用某種食物後出現噁心感，從此以後不想吃該食物的話，那時的噁心感就是懲罰物。如果因為被人大聲吼叫，導致不想再靠近，那麼

呈現型懲罰的例子

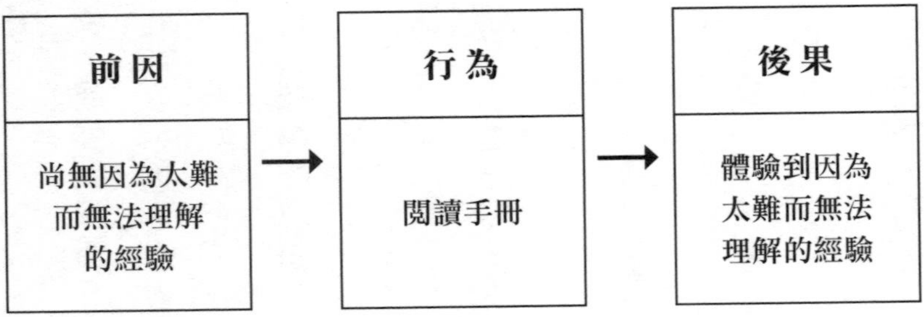

「大聲吼叫」可說是靠近行為的懲罰物。

當你某天突然不再做某個行為時，不妨想想行為後是否出現了懲罰物，或許就能找出自己停止行為的原因。

比如，工作之所以沒有進展，原因可能如下：

- 換眼鏡後，出現眼睛疲勞、頭痛等現象。
- 換椅子後，出現腰痛的情況。
- 燈光照明太亮。
- 噪音太大。

如果能推測出哪些是導致工作沒有進展的懲罰物，就可以想辦法排除。

●2 撤離型懲罰（負懲罰）

另一種懲罰是撤離型懲罰。

以下是撤離型懲罰的例子。假設小明正在處理相對喜歡的工作時，被要求閱讀手冊，那麼**在閱讀手冊期間，他就無法繼續處理喜歡的工作**（被取消增強物）。

可以預測這個情況的結果是，閱讀手冊的行為遭到弱化，也就是他將減少閱讀手冊。

撤離型懲罰是指在做某個行為——例如閱讀手冊——後，**原本存在於行為之前的正向事物因此消失，導致該行為不再發生的現象。**

同樣是「閱讀手冊」行為減少的例子，其背後原因可能是呈現型懲罰，也可能是撤離型懲罰。

為進一步釐清造成行為減少背後

撤離型懲罰的例子

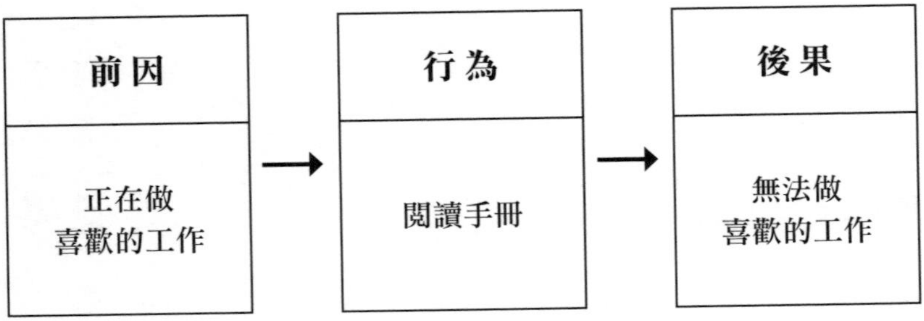

的機制，必須利用ABC分析。

了解機制後，制定對策就會變得相對簡單。

如果是呈現型懲罰，可以透過排除懲罰物來解決；如果是撤離型懲罰，則可設法避免取消行為發生前的正向事物來解決。

原理3 「消弱」：當行為未能帶來效果，就會逐漸減少

有時環境不變，也可能導致減少行為。

例如，假設某員工曾向主管提出改善工作環境的建議，但其意見未被採納，環境未能獲得改善。

如果這種情況反覆發生，這名員工陳述意見的情況就會逐漸減少。

當某個行為發生後，前後的狀況並沒有任何改變，導致該行為逐漸減少的現象稱為「消弱」。

行為減少的部分與懲罰相同，但行為前後的狀況具有明顯的差異。

在前面的例子中，懲罰是在出現懲罰物等環境發生變化的情況下，行為逐漸減少的現象。

消弱是在行為發生後，並沒有獲得改變的情況下，導致行為減少的現象。

消弱的例子

前因	行為	後果
環境沒有改善	向主管陳述改善職場環境的意見	環境沒有改善

●出現消弱時，會發生什麼事？

在這個例子中，員工的意見未被採納。

然而，假設在這之前，該員工的意見曾多次獲得採納，那麼當意見未被採納時，他隨後可能會立刻表現出以下暫時性的行為。

【消弱突現】

也就是行為的頻率、持續時間和強度暫時增強的現象。

例如，該員工可能會反覆表達意見，花更多時間說明，或是用比平時更大聲的音量闡述意見。

【消弱誘發攻擊行為】

除了「消弱突現」，還可能出現惡言相向等情緒上的反應，甚至出現拍桌、踹椅子等攻擊行為。這類行為稱作消弱誘發攻擊行為。

以下容我分享在人際關係中出現「消弱突現」或「消弱誘發攻擊

行為」時的應對方式，以供參考。

即使發生這些行為，只要持續消弱的程序，長期下來這些行為就會減少。

如果對突現或攻擊的行為給予回應，比如斥責、告誡、或表情上出現挑眉或皺眉等回應，就等於對增強物提供了「關注」，反而會更增強情緒反應和攻擊行為。

當對方發生突現或攻擊的行為時，最好的處理方式就是不予關注，靜待突現的頻率或強度降低後再行處理。

不過應注意的是，對於可能危及安全的危險行為，應立即給予警告、懲罰或限制其人身自由，以避免人員受傷，不可視若無睹靜待行為消失。

原理 4　「阻止的後效作用」：目的是為了盡可能降低消弱風險

如果行為後沒有增強物出現，前因中既存的負面刺激或事物也沒有消失，我們的行為會逐漸減少。

也就是說，當我們從後果得不到任何回饋時，行為會逐漸減少。就如同增強與懲罰，我們也天生具備這種「消弱」的機制。

無法提供結果的行為會像自然淘汰一樣逐漸消失，好將時間用在其他更有意義的行為，說起來這種現象十分合理。

然而，工作、念書或改善健康等相關行為，在行為當下通常不會立即產生明顯變化。

也就是行為需要持續一段時間後，才會慢慢出現清晰可見的前後差異。

在這種情況下，有一點我們必須了解，即使行為持續下去就能得到結果（後果），但當下立即的變化很小，因此該行為可能有消弱的風險。這也與我們無法如期行動的原因密切相關。

具體的預防方法將在後面詳述，總之必須特別留意，免得適當行為被消弱。

例如，在流感流行期間戴口罩作為預防措施的行為，我們可以如何分析呢？

所謂的預防，是指好比在不一定會感染流感但有感染風險的情況下，在尚未發生任何負面結果之前，降低感染機率的行為。

而且，戴口罩也不保證可以完全預防感染。

也就是說，戴口罩前後的情況不會發生任何變化。

一般而言，行為前後如果沒有變化，行為通常會遵循消弱原理逐漸減少，但預防這類行為大多不會消弱而得以維持。

當人們擁有「可以預防負面結果」的信念，即使當下沒有立即變化，這類預防性的行為仍然會獲得增強。

這類**預防未來可能發生負面事實的行為獲得增強的現象，稱為阻止的後效作用（prevention contingency）**。

阻止的後效作用是為了盡可能降低未來消弱的風險而事先採取行動，因此與如期行動的技巧密切相關。

阻止的後效作用可分為以下兩種。

● 1 為阻止懲罰物出現的增強作用

首先，我們來談談阻止懲罰物出現的行為增強機制。

這是一種持續行為，以防止未來負面刺激或事件（懲罰物）出現的情況。

阻止的後效作用的例子

前因	行為	後果
未感染流感	戴口罩	未感染流感（預防感染）

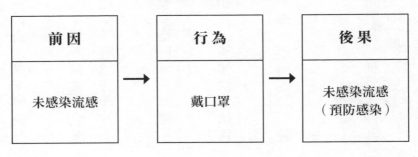

諸如「戴安全帽以防受傷」或「為了防止客戶投訴，在交付商品前，事先檢查商品有無瑕疵」等行為，都屬於阻止的後效作用。

這類阻止懲罰物出現（阻止負面刺激或事物）屬於增強風險管理行為的後效作用，從事安全管理工作人員尤其應加強了解這方面的相關知識。

此外，有些不當行為有時也會因為成功阻止懲罰物出現，而讓不當行為得以維持。

例如，由於未在期限內完成工作，怕被主管訓斥，於是選擇請病假休息，逃避被訓斥的後果。

這類不當的規避行為大多與阻止懲罰物出現有關，不妨視為一種透過訓斥（懲罰物出現）來控制行為的不良反應。

為了阻止名為「訓斥」的懲罰物出現，人們會提前準備，並如期行動。乍看之下，一切行為合情合理，但實際上可說是一種受恐懼與不安驅使的後效作用。

輕微的不安情緒，有時能幫助人們如期行動。

然而，這類行為是為了避免在職場人際關係中體驗到過度不安與恐懼而產生，容易促使人們做出隱瞞或虛報等不當行為，甚至可能導致心理健康出現問題，提高離職風險。

●2 阻止增強物消失的增強作用

接著，我們來探討阻止增強物消失的行為增強機制。

這是一種**持續行為，以防止未來正向感受或快樂時光（增強物）消失的情況。**

阻止懲罰物出現的增強作用的例子

前因		行為		後果
沒有 被主管訓斥	→	請病假休息 不上班	→	沒有 被主管訓斥 （成功預防訓斥）

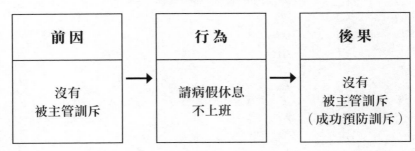

舉個明顯的例子來說，就是將錢包等貴重物品存放在保險箱中，以防止被偷竊。

也就是說，這是為了預防貴重物品（增強物）未來可能被偷而產生的行為。

除此之外，還有其他類似的例子。

「擔心熱門餐廳客滿，提早幾天事先訂位。」

「為了確保與潛在客戶的會議能如期舉行，在前一天發送郵件提醒對方。」

「準時交貨，以避免公司未來蒙受損失。」

正如上述例子所示，阻止增強物消失，容易促進適當行為，可說是一種行為的後效作用。

若能遵循這種後效作用採取行動，相信讓自己如期行動的情況也會增加。

然而，透過採取行動讓阻止明天或後天的增強物消失，或許相對容易，但要防止一個月或兩個月後的增強物消失，就不是那麼簡單了。

通常人們會以為時間還很充裕而推遲行動。

遑論阻止三個月後或半年後的增強物消失，更是難上加難。

接下來，本書後半部分將繼續討論面對這些情況時的應對方法。

阻止增強物消失的增強作用的例子

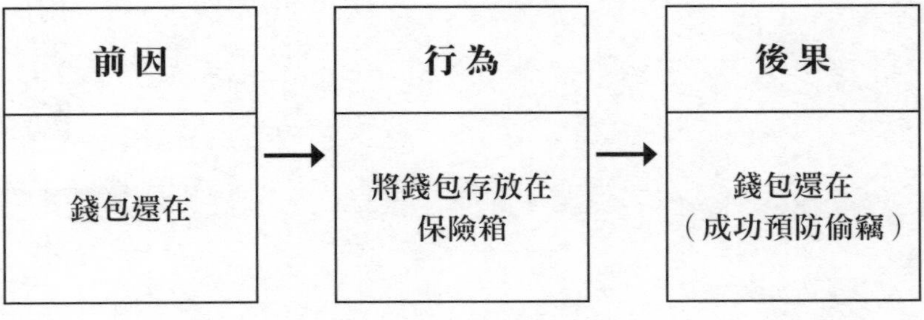

調整行為的「不足與過多」，讓自己如期行動

在應用行為分析學中，問題解決指的是增加行為或減少行為。如果問題出在期望行為不足，解決方案就是增加該行為。相反來說，如果問題出在非期望的行為過多，解決方案就是減少該行為。

前者的問題稱為**「行為不足」**。後者的問題稱為**「行為過多」**。

接下來，讓我們來逐一說明。

為什麼明知該做，卻不採取行動？

首先，我們來談談「行為不足」。

姑且讓我們以念書和運動作為期望行為，探討容易發生行為不足的原因。

「無心念書的問題」或「無法養成運動習慣的問題」都是**由於「立即後果」與「未來後果」的時間落差所造成。**

我們先來想想念書的行為流程與可能後果。

【無心念書的問題】

念書時可能會……

・解不出答案很苦惱。

・念書進度比想像中緩慢。
・無法做其他想做的事。

長期下來可能會……
・取得優異的成績。
・增加的知識有益於工作。
・體會到自己學識有所增長。

行為不足的例子

行為不足	負向的立即後果	正向的未來後果
無心念書	念書時可能會…… ・解不出答案很苦惱 ・念書進度比想像中緩慢 ・無法做其他想做的事	長期下來可能會…… ・取得優異的成績 ・增加的知識有益於工作 ・切身體會到自己學識有所增長
無法養成運動習慣	運動時可能會…… ・肌肉痠痛 ・呼吸困難 ・無法做其他想做的事	長期下來可能會…… ・更健康 ・成功減重 ・提升體力

具體來說，念書行為包括寫練習題、寫作練習和看書。

這些行為後立即產生的後果往往**偏負面居多**。

寫練習題解不出答案會令人沮喪，寫作練習也是停頓半天毫無進展，看書的話就無法做其他想做的事。

當然，這些情況都因人而異，有些人遇到難解的問題，比起痛苦，可能更覺得有趣。

不過，這裡讓我們一起想像那些遇見負面後果的情況。

對許多人來說，念書時往往會覺得很辛苦，因為念書所帶來的正向後果通常需要很長一段時間後才會顯現。

唯有針對特定內容持續學習數週到數個月以後，比如在考試中取得了優異的成績，或增長的知識在工作上發揮了作用，才會實際感受到自己學識有所增長的好處。在某些情況下，甚至需要持續學習好幾年以後才能有所體會。

行為分析學的研究發現，人類和動物**較容易受到立即產生的後果影響，而不容易受延宕產生的後果影響**。

經過一段時間後才得到的結果（後果），也就是延遲提供的增強物（延宕增強物）很難增強念書等行為。

相較之下，**行為後立即產生的負向後果，也就是立即懲罰物，通常具有強烈的影響力，容易減弱行為。**

因此，念書和運動都屬於**「立即懲罰物＞延宕增強物」**的架構，**所以我們很容易無法如期行動，出現拖延的行為。**

接下來，也就運動想想其行為流程與可能的後果。

【無法養成運動習慣的問題】

運動時可能會……

- 肌肉痠痛。
- 呼吸困難。
- 無法做其他想做的事。

長期下來可能會……

・更健康。
・成功減重。
・提升體力。

即使計畫為了健康、減重、提升體力而運動，但做重量訓練會導致肌肉痠痛，慢跑等有氧運動又令人覺得呼吸困難。運動前後還得換衣服、洗澡，占去不少時間，因而無法做其他想做的事。

換言之，運動的立即後果大多偏強烈的負面感受因素。

追根究柢，儘管人們追求的是未來的正向後果，但要以此為由持之以恆地堅持運動，並不容易。

為什麼會做不該做的事？

關於無法如期行動的問題，另一個分析的觀點是「行為過多」。行為過多的癥結點在於，非期望的行為出現次數太過頻繁。

「非期望的行為」是指會對當事人帶來負面後果的行為。

例如，暴飲暴食或過度沉迷於玩遊戲，都可以說是行為過多造成的非期望的行為。

讓我們一起來思考「吃太多零食」的行為流程與可能的後果。

【吃太多零食的問題】

吃零食當下會……

・覺得好吃。

行為過多的例子

行為過多	正向的立即後果	負向的未來後果
吃太多零食	吃零食當下會…… ・覺得好吃。 ・消除飢餓感。	長期下來可能會…… ・蛀牙。 ・肥胖。 ・長痘痘。
過度吸菸	吸菸當下會…… ・讓人轉換心情。 ・令人放鬆。	長期下來可能會…… ・提高肺癌風險。 ・提高心臟病風險。 ・增加齒垢。

・消除飢餓感。

長期下來可能會……

・蛀牙。

・肥胖。

・長痘痘。

吃了零食後，會立即感受到美味、消除飢餓感等正向後果，因此該行為會受到增強而反覆出現。

儘管大家都知道吃太多零食，容易蛀牙、肥胖或長痘痘，但這種負向後果往往需要很長一段時間後才會出現，因此很難對吃零食的行為產生懲罰的作用。

在此也同樣存在「立即增強物VS延宕懲罰物」對立的情況，但立即後果容易占上風，使人們難以如期行動。

過度吸菸的問題也是相同情況。接著我們一起想想吸菸時的行為流程與可能後果。

【過度吸菸的問題】

吸菸當下會……

- 讓人轉換心情。
- 令人放鬆。

長期下來可能會……

- 提高肺癌風險。
- 提高心臟病風險。

・增加齒垢。

過度吸菸不僅會大幅提高罹患肺癌、心臟病的風險，也會形成齒垢，導致牙齒變色，這些都是未來可能出現的負向後果。

儘管人們並不想承擔這些風險，但吸菸後可以立即獲得轉換心情、放鬆等效果，因而增強了吸菸的行為。

說到底，由於負面的後果未來才會發生，因此對當下的非期望行為幾乎毫無遏止的作用。

而且這些延宕後果大多充滿了不確定性，畢竟並不是所有做了過多非期望行為的人，都一定會得到這些負向後果。

例如，吃太多零食不一定會蛀牙或肥胖，吸菸也不是一定會罹患肺癌。

這種未來的後果**容易讓人抱持僥倖的心態，認為未來實際上可能不會產生負向後果，因而削弱了其影響力。**

但別忘了，行為過多確實會增加未來承受負向後果的可能性。

接受「立即後果＞延宕後果」原則，就能成功提升行動力！

無論是行為不足或行為過多，都是導致人們無法如期行動的最終問題，其背後的共通點是「立即後果的影響力＞延宕後果的影響力」。

我個人認為我們應該**接受這是一個「不可抗力」**。

當然，這存在個體差異，根據情況，有時延宕後果的效果可能更強烈，我們也能想辦法增強延宕後果的影響。

然而，將「立即後果＞延宕後果」視為事實，坦然接受後思考解決對策，才是更有效且更積極的作法。

一味反省自己會出現「立即後果＞延宕後果」的現象，全是因為「意志力薄弱」，最終只能求助於「打起精神」這種精神論述，無法找出有效的解決對策。

我們應該接受「立即後果＞延宕後果」是人類與生俱來的「天性」，再來思考應對策略。

當我們在兩個或多個行為之間做抉擇時，「立即後果＞延宕後果」原則也會發揮重大的影響。

應用行為分析學認為，人們在活動時可能會同時進行兩種以上的行為，而且實際上有一定的比例會按照「立即後果＞延宕後果」原則來選擇行為。

例如，我們來想一想「寫完功課」與「在桌上塗鴉」這兩個行為的關係。

「在桌上塗鴉的行為」之後，會立即伴隨增強物（畫好的塗鴉）出現（作為成果呈現）。

然而，「寫完功課的行為」必須等待一段時間後，才會出現老師稱讚等增強物。

如果功課中還包括了尚未學習的部分，那麼可能需要更長一段時間才能透過「寫完功課的行為」獲得增強物。

在多數情況下，相較於時間上延遲得到增強物的行為，人們往往會優先選擇那些能立即取得增強物的行為。

在探究人們沒有立即行動而拖延的共同因素時，研究指出容易有拖延症的人有幾個共同特徵。

●你容易衝動嗎？

其中最顯著的特徵就是「**容易衝動**」。

容易衝動的人很難克制自己不做想做的事，或把愉快的事情往後推遲。

簡言之，他們比較**不擅長忍耐當下的欲望**，以求獲得未來的正向成果。

容易衝動的人通常不善於提前擬定計畫，終於開始動工後也容易分心。

這樣一來，他們就很難按照計畫處理工作。這種拖延行為普遍存在於各個社會與組織團體中。

明知道該做事但手就是不動，明知現在必須做正事但總是因其他事情而分心，三不五時引發悲劇。

至此，你已經學會了「行為的原理原則」。下一章開始，我將介紹如何運用具體技巧讓自己動起來。

原理1「增強」
某個行為獲得正向後果，促使該行為增加。

原理2「懲罰」
某個行為獲得負向後果，導致該行為減少。

原理3「消弱」
行為後情況沒有改變時，行為會逐漸減少。

原理4「阻止的後效作用」
為了降低未來風險，行為會增加。

「立即後果＞延宕後果」原則
相較於需等待一段時間才能享受的後果，可以立即享受的後果影響力更大。

第 4 章

蛻變成全新的自己！五種行為控制法

～實踐行為分析學！～

擁有行動力的人懂得善用「立即後果」

前文中，我們已經根據應用行為分析學的見解，了解「人們無法如期行動」的原因。

無法如期行動最根本的原因在於：「行為後的立即後果，對該行為的發生具有顯著影響，而得等待一段時間才出現的延宕後果，則對該行為的影響不大」。

這個現象稱為「立即後果＞延宕後果」。僅憑強大的意志力來對抗這個現象，絕非明智之舉。我們應該透過調整行為與這兩種後果的影響，來解決這個問題。

只是單純反覆導正行為，然後期待等待一段時間後得到正向後果，這種作法是行不通的。

我們必須打造環境，讓自己在等待期望達成的過程中，獲得類似

中間成果的增強物。

讓我們以長跑為例，來思考這個問題。

在馬拉松等長跑活動中，跑步時，與其以四十二公里外的終點為目標，不妨先以跑到一公里處的補給站為目標，接著再把目標拉到前方十公里處。

如果以終點為目標，在跑步過程中跑者會試圖保留體力而難以堅持下去，所以需要設定沿途多次獲得增強物（立即後果）的機會。

我也曾多次挑戰全程馬拉松，但每當跑超過三十公里後，不僅雙腳劇痛，身體也疲憊不堪。

那時我想過停下來走路、棄權，甚至也曾經想過「我為什麼要自找麻煩」。

然而，這時候我試著告訴自己不要想後面的事，把目標設定在跑到前方一公里，抵達後我鼓勵並稱讚自己，再繼續朝著下一公里前進，終於跑完了全程。

這並不是探討如何讓自己放鬆的精神論述，而是**運用了應用行為分析學中，立即後果的強大影響力法則**。

又好比以學習為例。如果以及格為目標，通常很難持續努力。如果覺得念得很痛苦，不妨先要求自己寫完一道題目就好，並在完成後稱讚自己，然後繼續寫下一題。如此反覆執行，就能持續達成目標。

「在通往等待延宕後果的漫長路途中，設定許多可以獲得立即後果的機會」──我想這是許多人在日常生活中不自覺在做的事，但如果可以理解其背後原理，有意識的設定立即後果，就更容易讓自己如期行動。

這可以幫助我們在各種行為無法如期行動的困擾中，找出解決的方法。

在應用行為分析學中，自我管理指的是當自己沒有如期行動時，依循「立即後果∨延宕後果」原則，**自行想辦法在行為之間安排立即後果，將行為串連起來直到獲得延宕後果。**

管理自己的行為，我們需要的並不是控制意志力，而是創造增強物，打造有利行為的環境。

獲得歷史與實踐支持的自我管理技巧

接下來，我將詳細解釋應用行為分析學中的自我管理。

就粗略的定義來看，自我管理的意思是——**「主動採取特定方法，來改變或維持自己的行為」**。

具體的方法有很多種，一般常被運用的自我管理方法包括**「確立行為」、「自我記錄」、「自我教導」、「自我評價」以及「自我增強」**。

這些都是根據應用行為分析學研發出來的技術方法。

換句話說，自我管理是將各種應用行為分析學「**根據情況搭配組合，藉以解決個體問題的方法**」。

接下來，我將說明「可以在什麼情況下應用這些方法」、「如何有效使用」以及「應該按照什麼順序來嘗試使用這些方法」，提供各位一個參考指南。

自我管理1 確立行為

「決定具體行為」與「安排誘因」

←

在自我管理中，**第一步是確立與定義目標行為**。

舉例來說，目標行為並非指「念書」等模糊的概念，而是「寫字」或「閱讀手冊」等具體的行為。

為了方便記錄，確實定義目標行為是非常重要的。

此外，**自行安排行動誘因，促使自己自發性地進行目標行為**，可以顯著提高改變行為的效果。

在下圖中，以實線箭頭表示「定義目標行為」與「安排誘因」對目標行為的影響。

這些誘因是用來引導、支持與維持自己的目標行為，對自己展示這些誘因的步驟統稱為「自我教導」。

例如，為了避免隔天忘記去郵局匯款，在便條貼寫下「郵局」並貼在手帳上；或是為了預防孩子忘記帶午餐費去學校，睡前將裝有餐費的信封擺在書包旁邊等等，都是「自我教

透過自我教導（安排誘因）進行自我管理

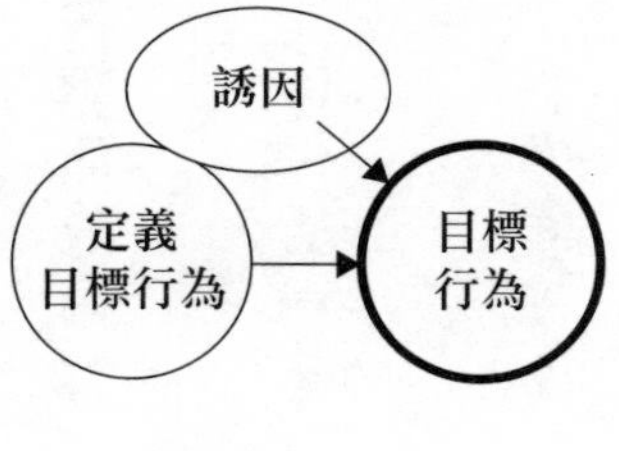

導」的例子。

工作時，如果將該做的正事寫在便條貼上，張貼在顯眼的位置，也能製造行為的誘因。

在行程表中記錄預訂的行程，或是將當天該做的事寫在便條貼上張貼出來，這種方法並不是單純只有備忘、提醒自己不要忘記而已。

「看到行程表或便條貼」這件事，會刺激我們採取行動而成為一種誘因，因此在自我教導中非常重要。

對於那些只要有誘因就會做的事，通常都是難度不高但不容易開始進行的活動，不妨在自我教導時用心安排誘因。

例如，如果想改善「脫下的衣服隨便放」的問題，不妨將寫有「衣服請收進衣櫃！」的便條貼貼在衣服經常散落的地點。

最重要的是要把便條貼貼在顯眼的地方，能讓人在隨手亂放時能一眼看見。便條貼就會成為一種誘因，讓人會將衣服收進衣櫃。

便條貼的視覺印象也很重要。便條貼的尺寸要夠大、顏色醒目，再加上有趣的標語，比如「衣服請收進衣櫃！這樣衣服會很開心！你一定能做到！」等等，也能增加趣味。

其他像「汽車機油該去更換，但總是拖延」的例子，只要在顯示里程數的儀表板旁張貼便條貼，標記「○○公里時換機油！」，就能發揮誘因的作用。

如果能將誘因配置在生活中可以自然映入眼簾的位置，就能促使該行為發生。

自我管理 2　自我記錄

事實證明「行為會改變」

←

與「定義目標行為」相對應，在目標行為發生後進行的自我管理，稱為「自我記錄」。也就是說，自我記錄是自行記錄目標行為有無發生、行為的強度或次數等方面的相關紀錄。

許多研究證實，自我記錄可以改變各種行為，也稱為反應性效果。

從前曾經流行過一句標語「記錄就能瘦身」。這個減肥法標榜只要每天記錄自己的飲食和體重，就能減輕體重。

這正是自我記錄的反應性效果。

在這個例子中，目標行為是「吃下不容易增加體重的健康食物」。接著，透過自我記錄「當天的飲食與體重」（分析描述），就能清楚了解體重減輕時的飲食內容，從而強化目標行為。

透過自我記錄進行自我管理

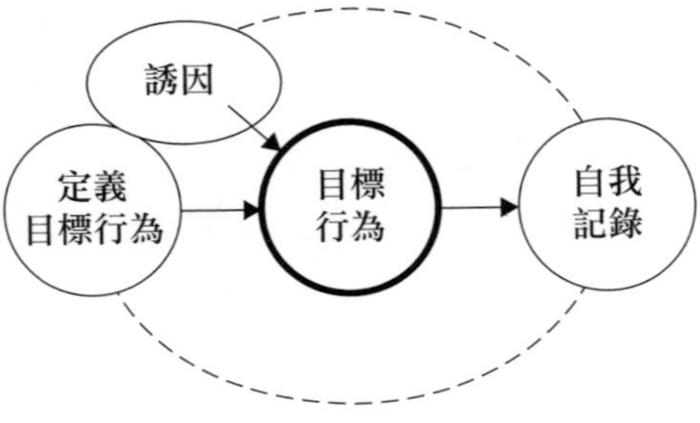

此外，「查看紀錄」會成為選擇吃健康食物的誘因，進而促進目標行為。同時，由於體重增加時的飲食內容一清二楚，所以也會連帶減少吃這些食物，食用頻率可能也會慢慢減少。

自我記錄時，需要事先決定要記錄哪些行為指標。以下是常見的指標：

●1 頻率計數

頻率計數是記錄在特定時間內行為發生的次數。

例如，在做數學題時，可以記錄每二分鐘完成的題數，並同時記錄累積題數，藉以改善解題的專注力，增加完成解題的數量。

●2 測定時間

測定時間是記錄某特定行為持續的時間長度。

例如，記錄學習時間，或測量記錄完成一頁作業所需的時間等等。

3 區間記錄法

區間記錄法是將觀察時間進一步劃分成一個個小區間（例如一分鐘、五分鐘、十分鐘等），並將發生目標行為的次數記錄在每個區間內。

4 核對清單記錄

核對清單是列出完成作業所需的行為步驟，並在每項行為步驟完成時勾選標記完成。

例如，「廚房已經堆了兩天的髒碗盤」或「每天都在想明天要洗衣服，但已經拖了一個禮拜沒洗」等等，如果定期該做的事情卻經常拖延時，利用核對清單進行自我記錄會非常有效。

比如在核對清單中列出「每天該做的事：洗碗」或「每隔三天要做的事：洗衣服」，並在執行當天打勾或寫「正」字來記錄完成次數。打勾或寫「正」字的動作就會成為自我記錄，增強洗碗等行為。

如果經常拖延與家人的聯繫，例如「跟媽媽說好要打電話回家，結果半年都沒打電話」，這時不妨將「打電話回家」列入定期的活動清單內。雖然我們都明白與家人的聯繫互動很重要，卻也很容易形成拖延。

建議在核對清單中記錄「每月要做的事：打電話回家」，時時提醒自己。

●5 分析描述

分析描述是一種自由記錄自己的行為或行為發生的脈絡的方法。透過記錄自己引發的問題，以及問題發生前的情況和結果，可以幫助我們找出改進問題的方法。

如果覺得自我記錄負擔沉重，會很難堅持下去，所以建議花點巧思，設法讓記錄行為輕鬆有趣，才能持續記錄。

自我管理3 自我教導

放下對「目標訂太低」的焦慮

除了透過「確立目標行為」與「安排誘因」的方式自我教導以外，還可以利用「設定目標」來進行自我教導。

這裡的目標，指的是行為表現達標的準則。

例如，假設目標行為是慢跑，決定「每次慢跑需跑五公里」才算達標，那麼**決定達標準則**，**就是「設定目標」**。

設定目標帶來的正面效果自不待言，但要對自己設定出具體的目標數字並不容易。

雖然主管或指導員等人經常會對人們設定具體的數字目標，但以具體數字要求自己達成目標，卻需要莫大的勇氣。

因為一旦設定了具體的目標，人們就會開始擔心「自己可能無法達成」。

然而，有個辦法可以輕鬆消除這份擔憂，那就是「不要把目標訂得太高」。

我們總以為目標必須遠大，但那只是一種主觀的想法。

所謂的目標，只要在達成後逐步提高就好。**硬要說的話，剛開始設定低一點的目標才合理。**

對大多數人來說，達成目標是一種令人愉快的增強物，而所謂的自我管理，就是在邁向最終目標的過程中，讓自己不斷體驗這些小小增強物所帶來的正向回應。

也就是說，重點在於反覆達成目標，

增加自我教導的步驟來進行自我管理

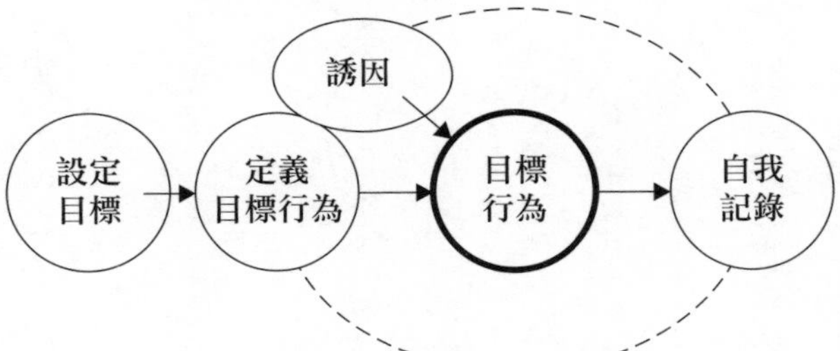

因此一開始就把目標設定得太過遠大，沒有任何幫助。

我能理解如果把目標設訂得太低，會讓人覺得在縱容自己，所以總想設定高一點的目標。

然而，勇敢地「刻意設定稍低的目標」，其實是管理自我行為中一個很重要的技巧。

例如，在「還沒提交上禮拜的工作報告」的情境中，當事人可能會希望寫出更完整的報告，以彌補遲交的情況。然而，就是因為寫不出來才會遲交，所以這稱不上是一個好的目標設定。

建議先以「列出今天想到的三件事」為目標。有人可能會擔心這樣進度更慢，但請儘管放心。

成功列出三件事後，就能立刻設定下一個目標，例如根據條列的內容進行分類。既然自己的目標沒有要寫給別人看，設定低一些且具有彈性的目標，反而更能促進行動。

此外，將「設定目標」與前文討論的「定義目標行為」和「安排誘因」結合，就能建構更有效的自我教導程序。

例如為了準備英文考試，可以將目標行為定義為「閱讀英文」，並設定「每天讀十頁英文」的目標。

如果進一步搭配「安排誘因」的組合，將這個目標寫在便條貼上並張貼在牆上，以便隨時看到目標，就能使效果加倍。

自我管理４　自我評價

將成果「視覺化」的多重優點

「自我評價」是在與「設定目標」相對應的目標行為發生後，所進行的自我管理步驟。

自我評價是**比較事先設定的目標與行為結果，並自行判斷是否達**

成目標。也就是說，如果沒有設定目標，就無法進行自我評價。

例如，假設設定了「每天閱讀一小時」的目標，根據自我記錄，某天的成果是「今天閱讀了兩小時」，那麼自我評價可能是「在月曆空白處貼一張喜歡的迪士尼角色貼紙」，這個貼貼紙的步驟就是一種自我評價。

超出目標設定的成果會作為增強物發揮作用，因此將這些理想的成果以視覺方式呈現出來，會增加增強物的影響力。

此外，視覺化的成果在日後也能反覆查看，相信每次看，心情都會很愉快。

再者，其他人看到這些成果，也許會給予讚賞。向值得信賴的家人或朋友展現成果，也是充實社交環境的一環，可視為一種間接的自我管理。

在自我管理中，目標設定與自我評價的組合，可以促進人們根據自我評價的結果，自發性地修正目標或是重新設定目標。

圖示中以虛線顯示「設定目標」與「自我評價」的相互影響，並不斷修正的關係。

關鍵在於**打造一個可以增強自我行為的環境**。

鼓起勇氣，從設定低一點的目標開始，盡情享受正面的自我評價，再逐步提高目標。

目標應該保持靈活，而不是固定不變。

許多人不願意降低目標，甚至對降低目標感到羞愧，但這是自己對自

透過自我評價進行自我管理

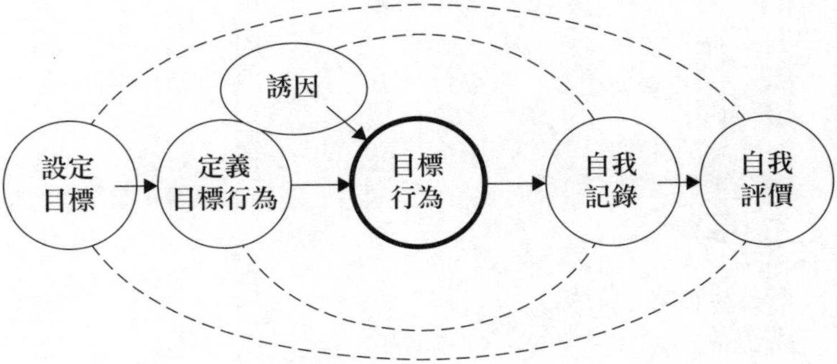

我的管理，沒有其他人在看，所以無需在意。

就自我管理的角度來看，**設定低目標反而更需要勇氣，為了避免丟臉，設定高的目標還比較容易**。

例如，如果你發現「學習越來越困難，自己老是沒有進展」，不如試著給自己定一個寬鬆的自我評價，像是把理解的目標設定在三成左右，而不是九成以上。

既然內容艱澀，能理解三成就已經相當不錯。如果能抱持這樣的心態學習，期待自己未來能慢慢進步到理解四成、五成，一定能用愉快的心情繼續學習下去。

重要的是，透過這個方式，能讓自己對可以達成的目標，反覆體驗成功的自我評價。

「明明是重要的商務會談，卻遲遲未與對方協調開會時間。」在這個情況下，可能是因為過度追求提案或簡報的完整度，導致花費過多時間在準備上。

也就是說，因為設定的目標過高，而對還在製作中的簡報產生偏低的自我評價。

不過，我相信大家都同意，在商務會談中，相較於完整度，推遲時間所造成的弊端更大。

鼓起勇氣降低目標，給自己一個合格就好的自我評價，並及早協調開會時間，通常都會很順利。

其他像是「礙於情面，遲遲未指出下屬提交的文件錯漏百出」的情況，儘管當面指責後的即時成果（立即後果）可能令人尷尬，但最後得到的成果（延宕後果）卻是提高下屬處理工作的技能，還能同時解決文件失誤問題。

這時不妨將目標行為設為「即使尷尬也要指出問題」，目標是「指出問題，同時提供適當的建議，協助對方改善問題」。

這時的自我評價可能是「雖然有點尷尬，但我也確實提供了適當的建議」。

以「憑藉三寸不爛之舌，讓彼此毫不尷尬」為目標，達成的難度太高，所以建議鼓起勇氣，把目標擺在「可能會有點尷尬，但盡力誠懇地傳達忠告」，並對盡力而為的自己給予一個高度的自我評價。

當你心生猶豫時，請試著回想設立自我管理的目的。自我管理的目的是**安排正向的立即後果，以便將行為串連起來直到獲得遲來的延宕後果。**

不要忘了，自我管理就像大隊接力賽，透過將名為增強物的接力棒一個個傳遞下去，直到抵達終點。

自我管理 5 自我增強

「正確獎勵」的使用法則

在自我管理的程序中，還可以加入「選擇與準備增強物」和「自我增強」等步驟。

舉例以下情況。首先，假設在此選擇「觀看喜歡的藝人影片」作為增強物。

接著，**以「寫滿兩頁 A 4 文件」為目標，並設定「達成目標就可以看影片」的達標規則。**

接著，實際完成文件後，自行記錄文件的份量，**如果超過目標頁數，就該將成果視覺化，例如「在行程表上畫星星符號為標記」，進行自我評價。**

接著，**對自己提供增強物「觀看影片」，進行自我增強。**

這個例子的架構如下——

選擇自己喜歡的增強物（觀看影片）作為誘因，並「設定目標」藉以獲得增強物。

達成目標後，開始進行「自我評價」，同時對自己提供準備好的增強物。

這就是**利用「給自己獎勵」的自我管理**。

自我獎勵，也就是自我增強的手段之一，是一種非常強大的自我管理方法。

然而，自我獎勵要發揮強大的效果，必須以目標和自我評價為基礎。

搭配「選擇與準備增強物」和「自我增強」組合來進行自我管理

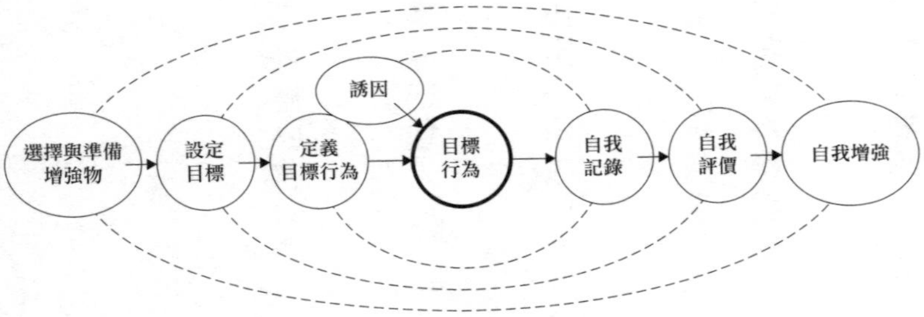

如果沒有明確的目標，憑藉隨意的自我判斷「感覺我很努力，所以應該要獎勵自己」，也不會有太大的效果。

但這並不是表示在達成目標前，必須嚴格對待自己，不給予任何獎勵。

如同前文所提，目標可以靈活調整。

如果苦於無法達成目標，無法做出明確的自我評價而隨便給自己獎勵，那還不如改變目標，名正言順地給自己獎勵。乍看之下，這兩者情況看似一樣，但模糊的自我評價與改變目標後給予的明確的自我評價，兩者的意義有天壤之別。

如果採取較為模糊的自我評價，即使沒有達成目標，也會獲得增強物。

如此一來，受到增強的不是目標行為，而是寬鬆的自我評價。

當寬鬆的自我評價受到強化，就沒必要達成目標，使得設定目標流於形式。於是，明確的目標將永遠無法實現。

這種情況如果持續下去，只會令人感到挫敗，進而失去思考或設定目標的意願，最終再也無法憑自己的力量，按照預定計畫行動。為了能如期行動，必須增強自己達成目標的感受，所以即使設定毫無難度的簡單目標也無妨。

不僅要增強目標行為，**還要同時增強設定目標的行為和自我評價，藉以建立一個增強的循環**。

在本書第一二四頁圖示中顯示，位在最外圈的「選擇與準備增強物」與「自我增強」透過橢圓的虛線連結起來，支撐著內部的機制運作形成循環。

例如「想當初充滿鬥志地加入健身房會員，但至今已經兩個月沒去」這個情況，或許是在健身房健身後得到肌肉痠痛等負面的立即後果，讓人在體力增強、體態改變等延宕後果出現前，就無法堅持下去的關係。

這時，不妨將喜歡的外國影集作為增強物，一邊用手機觀看影集，一邊踩飛輪或跑跑步機等來進行自我增強。訓練結束後，立即給自己一些小獎勵，比如洗三溫暖放鬆或吃個冰淇淋作為增強物，也有助於持續運動。

在「負責需要長期才能完成的大型專案」時，更是展現自我管理能力的時候。

定義目標行為，透過完成每個小目標的銜接，直到達成較大的延宕後果。在此同時，搭配自我評價，頻繁給予自我獎勵，建立自我增強系統的循環。

成功建立這個循環系統後，工作就能像日常生活一般順利進行。

請試著想像自己能像吃飯、呼吸一樣，自然地處理工作。

慢慢地你就會越來越接近這個理想狀態。

●自我管理若變成一種負面刺激，反而是白費力氣！

當然，要實施「選擇與準備增強物」和「自我增強」，需要搭配合適的增強物。

達成目標後，理想狀態是能立即給予增強物。因為如果延個幾天後才提供，增強物的效果就會減弱。

當然最理想的狀態是立即執行增強，但如果有困難，最好在當天或最晚隔天之內給予增強物。

另外，也**應避免給予過於昂貴、費時或費力的獎勵（增強物），畢竟這些都不太可能經常實施。**

獎勵不需要是令人非常驚喜的事物，讓人覺得有點開心的物品或活動，反而更恰當。

例如，除了前文中提到的影片觀賞，其他像吃巧克力、喝茶、散步、開車兜風、自己去唱卡拉OK或泡湯、洗三溫暖等等，也都可以成為獎勵。

即使是日常生活中經常做的事情也無妨。但要注意的是，在設立目標時，必須確保自己已確實達成目標，才能進行這些設為增強物的活動。

如果在達成目標的過程中，因為不能做增強物的活動而忍得很辛苦，可能會使「自我管理」成為負面對象。因此，**設定不需要太辛苦就能達成的目標，和有點喜歡又不會太喜歡的增強物反而最剛好**。重要的是，在達成目標後，盡情享受這些設為增強物的獎勵或活動。

自己就能輕鬆「管理行為」，保持穩定的心理狀態

自我管理是一種自主控制自己的行為，並解決自身問題，同時也盡可能減少他人單方面控制的方法，因此可以促進當事人在精神上的獨立。

以上介紹的自我管理方法，並**不見得一定要全部執行**。可根據目

標行為的性質和執行場景的環境等因素，**建構你認為必要的程序**。

自我管理也有助於改善心理健康。例如，當他人的直接指令或評價令人厭惡時，可能會破壞人際關係。

在這種情況下，透過自我教導或自我評價進行自我管理，可以減少與他人之間負面的往來，從而促進心理健康的改善。

此外，自我管理還能有效地將已經獲得的適當行為應用於其他情境，也能有效地長期維持行為。

依賴他人的指令或獎勵的行為，在沒有他人在場的情況下，往往難以維持。

相對地，自我管理是透過自我教導、自我評價、自我增強來控制行為，因此能更有效的在各種情境下應用與維持行為，而不受依賴他人的侷限。

第 5 章

創造行動力的具體措施

～聰明運用「行程安排」、「待辦事項」、「強制啟動」與「時間利用」的技巧～

使用行事曆需要一些「小技巧」

利用行事曆的記錄來進行自我管理雖然簡單，卻是最經典且非常有效的方法。

有些人會使用紙本記事本，有些人則使用智慧型手機的應用程式來管理行程。

只要將該做的事情記錄在行事曆中對應的日期上，看到這些紀錄，就會成為促使人開始行動的誘因。

如果詳細列入「某某事做多少次」的目標，更能提高行為的發生率。因為這就是透過設定目標來進行自我教導。

然而，使用行事曆並不保證一定能輕鬆看到成效，效果會根據應用方式而有所不同。

首先，必須決定要把該做的事情「記錄在執行日期的欄位」，或是「記錄在截止期限的欄位」，抑或是「記錄開始日期到截止日期，以便明確顯示所需的處理期間」。

如果希望以行事曆作為開始行動的誘因，那麼應該將待辦事項記錄在執行日期的欄位。

例如，假設工作的截止期限在一個月後，相信許多人會在截止日期欄位填寫「某某工作截止」。

然而，**只記錄截止日期，多少有些風險**。

假設這份工作需要很多天逐步完成，就必須規劃工作進度。

如果只在截止當日留一筆紀錄，行事曆上就只會顯示截止期限，這樣的標記很難成為推動工作進展的誘因。

為了避免在截止日逼近前才開始工作，最好也在行事曆上標記動工的日期。

將行事曆作為自我教導的工具很有效，但如果使用的方式不能促進行為開始，效果將大打折扣。

●「輕鬆認識自我努力」的效果

使用行事曆作為自我管理的方法，也具備作為自我記錄和自我評價的面向。

自我教導是引發行為產生的誘因，而自我記錄和自我評價，則是在行為之後進行。

一般作法是在行事曆上記錄是否按照計畫實際完成行動，記錄的方式則有許多種。

例如，可以在已完成的事項畫上雙刪除線、畫個花圈，或是記錄實際完成的內容等等。用符號◎、○、△來標記目標的完成度也是不錯的方法。

有人對已完成的工作不感興趣，**不會特別對已完成的事項做任何標記，但從行為分析學的角度來看，這樣有點可惜**。

因為對許多人來說，對自己清楚展示自己努力的成果可以是一種增強物。

對完成的工作畫上雙刪除線，那個瞬間所感受到的滿足感和成就感是非常重要的增強物，可以為下一次的行動創造動力。

正因為可以提高如期行動的可能性……

在行事曆上寫下預定排程，作為引發行為發生的誘因，然後自我記錄並確認是否如期行動。

如果能實踐這些自我管理技巧，如期行動的可能性將大幅提升。

然而，將預定行程記錄在行事曆上，這件事或許就是一項非常艱難的任務。

在行事曆上記錄預定行程，對每個人造成的負擔程度不盡相同。

有些人幾乎不會感到心理上的負擔，甚至很享受這個過程。

不覺得有負擔的人，會挑選自己喜歡的手帳（筆記本），享受隨時記錄的樂趣（生成增強物），還會用彩色筆認真地填寫預定行程。

然而，覺得負擔沉重的人，情況恰恰相反。

他們既不喜歡攜帶筆記本，也不喜歡查看筆記本，更無法輕鬆記錄預定行程。

即使他們認為應該要好好記錄，但心態上也會想晚點寫就好而一拖再拖，結果經常遺忘。

如果是重要的事情，他們可能會記錄下來，但只會簡單書寫，以致後來經常搞不清楚到底是什麼行程。

「寫字」這件事其實是相當費力的行為。

而且，**每個人對寫字付出的費力程度，也有很大的個體差異。**

正所謂有的人喜歡寫字、有的人不愛動筆。對這兩種人來說，書寫行事曆所帶來的負擔程度是截然不同的。

對喜歡寫字的人來說，把自己的行程或想法轉換成文字書寫下來，完成後檢視這些文字就是一種增強物。

每次閱讀自己的文字或文章，他們都會感受到一股滿足和喜悅，於是他們會反覆書寫，行事曆的內容也會越來越豐富。

此外，隨著寫作逐漸融入日常，他們慢慢掌握寫作技巧，降低了書寫的費力程度，所以行事曆也會寫滿密密麻麻的內容。

另一方面，對不愛動筆的人來說，書寫相當費力，因此他們會盡力避免書寫記錄。

他們深信自己「不可能忘記這個行程」，因而不會特別記錄。也因為沒什麼紀錄，所以行事曆看上去依舊潔白如新。

行事曆若是經常潔白如新，自然就少有查看的機會。久而久之，行事曆也就變得越來越可有可無。

隨著必要性的減弱，當事人自然不會經常想起行事曆，記錄的機會也就更少了。

自我管理雖然有很多方式，但我們必須仔細評估這些方法是否適合自己。

即使有人說某個自我管理方法很有效，對其他人是否具有同樣的效果，這就不得而知了。

重要的是找出適合自己的自我管理方法。

根據行為分析學，正確使用待辦事項清單的方法

待辦事項清單與行事曆一樣都是督促人照計畫行事的經典方法。

就讓我們一起來探討如何使用待辦事項清單進行自我管理。

首先，在編列待辦事項清單時，必須簡明扼要地先列出自己該做的事。

這可以說是自我管理的第一步，也就是「定義目標行為」。建議

一邊回想前文中說明的死人測試，一邊將目標行為列成清單。

不要光寫「努力完成某某事」，若能在「**明確的行為**」中明確列出「**期限**」和「**對象**」，例如「**在〇〇期限前，幫△△完成□□**」，效果會更顯著。

要列出明確的行為，最好的方式就是將行為細分。

例如，在「構思〇〇企劃」這個行為中，包括了前置階段的「收集資料」或「與△△先生討論」等行為。

又好比為了討論必須與△△先生預約時間，因此就需要「透過電子郵件協調討論時間」的行為。

將「構思企劃」的過程細分後，可以發現其中包含了多個並行且連續進行的行為。

●編寫方法、應用技巧與工具的選擇方式

因此，待辦事項清單的編寫方法有幾種不同的方式。

【方法1】在待辦事項清單中填寫目標行為的大綱，例如「構思企劃」，然後每次在腦海中思考並執行為了實現這個目標所需要的行為。

【方法2】在待辦事項清單中只填寫當事人認為特別重要的行為，比如困難而難以開始行動的行為、容易忘記的行為等等。

【方法3】在待辦事項清單中盡可能列出許多的細分行為，接著不作他想地按順序逐一完成。

如果有把握按照計畫行事，可以採用【方法1】的方式執行。然而，如果工作進度不如預期，可以使用【方法2】；如果發現自己仍然無法開始行動，則可以採用【方法3】。這種視情況階段性的應用方式會更有效。

此外，建議**根據行為的期限，選擇合適的記錄工具。**

例如，假設截止期限超過一個月，不妨將待辦事項填寫在行事曆或日曆上；如果是必須在幾天內完成的事情，不妨寫在便條貼上，並貼在桌面或電腦等顯眼的地方。

查看待辦事項是一種可以「作為誘因促進行為的自我教導」，因此張貼的位置非常重要。

如果是當天要做的重要事情，將待辦事項寫在手背上也是個不錯的方法。

畢竟手背每天都會在眼前晃來晃去，手背上的字自然也會映入眼簾好幾十次，作為促進行為的誘因，效果無與倫比。

即使用油性筆書寫，文字也會逐漸褪去，這一點也可能會帶來動力，讓人想在文字消失前完成任務。

雖然寫在手上的待辦事項被人看見可能會有點尷尬，但也正因為這種尷尬，讓人更想早點完成任務，擦掉手背上的文字。

感受刪除的喜悅也很重要！

完成待辦事項後，刪除也是很重要的環節。

自己的電腦、桌面或日誌上寫滿了筆記或貼滿便條貼，而且持續增加。這樣的情況會讓人以為事情多到做不完，並不是個好現象。

待辦事項處理完畢後，應該用雙刪除線刪除內容或撕下便條貼丟棄。因為這個行為能夠成為一種增強物。

如果在視覺上不斷累積清晰可辨的待辦事項清單，這些清單本身將成為負面刺激。相反地，透過刪除或丟棄，隨著待辦事項逐漸減少，我們會感受到完成工作的成就感。

如果隨著待辦事項清單中行為項目的減少，可以促進下一次的行為，這就屬於「負增強」。

例如在「思考企劃」時，待辦事項清單的作用是，在「思考企劃」這個行為的增強物（想到企劃並寫成企劃書）生成之前，促使我們進行那些必須做、而且需要付出努力才會開始的行為。

也就是說，這是用來解決「立即後果VS延宕後果」問題的方案。

透過對自己實施負增強（刪除已完成的清單項目），來促進自己完成一系列必要的行為，以便在未來獲得正向的結果。

如果能明白這個道理，自然就能理解刪除清單的重要性。

所以**建議完成清單上的工作後，享受成就感的同時，盡快地刪除清單事項或撕下便條貼，給予自己正向的立即後果。**一面點頭稱讚自己「做得好」，一面撕下便條貼並丟到垃圾桶吧。

珍惜這些可以經常獲得小小喜悅的機會，是按照預定行程行事、不拖延的祕訣。

打擊率低但多安打，才是最強球員！

相信只要開始動工，大多數人都能採取相應的行動，但對許多人來說，難就難在動工這一步。

這個問題涉及行為的開始。

雖然也有人的問題在於「可以開始工作，但無法保持專注，很快就放棄」，但遲遲無法動工的人通常占絕大多數。

不開始工作，就不會有任何進展。

- 有重要的工作卻還沒開始。
- 考試期限將近，卻讀不下書。
- 下定決心要慢跑，卻總是臨陣脫逃。
- 想要打造健美身材，卻無法養成健身的習慣。

顯然地，比起開始行動後半途而廢，**無法開始行動的問題更令人**

頭痛。

即使專心時間很短，只要能一遍又一遍地開始行動，事情就一定會有所進展。**透過增加動工的頻率，也能解決「無法專心的問題」**。

應用行為分析學中有一個稱為「行為連鎖」的概念。其觀點是，每個日常行為就像多米諾骨牌那樣，是由許多小動作串聯而成。

例如，讓我們一起想想「吃糖果」這個行為。

「打開裝有很多糖果的袋子」→「從袋中取出一顆糖果」→「打開個別包覆糖果的外包裝」→「取出裡面的糖果」→「把糖果放進口中」→「利用舌頭讓糖果在嘴裡滾動」

我們透過順利完成這一連串的動作，才終於品嘗到糖果的滋味。

在日常生活中，有許多行為都是透過行為連鎖組成。行為連鎖的意思是，只要第一個行為沒有開始，就不會有後續的行為發生。

反之，只要第一個行為發生了，後續的行為連鎖自然就會發生。

重要的是行為的開始。

如果行為的開始是問題所在，那麼最好的方法就是將行為拆解細分，並將行為連鎖的第一個行為設定為目標。

例如，在使用電腦工作時，啟動電腦就是第一個動作，也就是目標行為。如果是使用筆記型電腦，那麼目標行為就是從電腦包中取出筆記型電腦後，啟動開關。

換言之，假設現在有一個延宕已久的工作，先不論是否會處理那份工作，將啟動電腦設為目標行為，而且「**只要啟動電腦，就算成功！**」是我想要強調的重點。

有人可能會認為，如果不工作，啟動電腦也沒有意義。

然而，假設啟動電腦後，三次中有一次是在電腦上工作，也已經算是很不錯的成果。

雖然三次中有兩次沒有在工作，但在棒球中，打者擁有三成打擊率，已經是相當優秀的成績。對於經常拖延的人來說，如果四次中有一次處理工作，就已經再好不過了。

即使打擊率很低，但只要增加打擊數，就有機會增加安打數。如果增加啟動電腦的次數，處理工作的時間也有機會變長。就是這麼簡單的道理。

●建議心態：沒有一口氣完成工作也沒關係！

如果抱著完美主義的想法，認定「一旦開始行動，就必須做到最後」，我們就只會在時間充裕且身心良好的狀態下，才敢開始行動。因為我們會對半途而廢的行為感到厭惡，因而阻止自己輕易開始行動。**半途而廢將會成為一種懲罰物，因此為了阻止懲罰物的出現，我們會選擇不開始動作（後果）**。

所以，雖然人人都希望一開始工作就能全部處理完畢，但我們並不是時時刻刻都有充裕的時間以及處於良好的狀態。

我們時常認為現在時間不夠或當下身體精神狀態不好，找藉口想辦法拖延。

建議換個角度思考。

「雖然時間不太夠，但在能力所及範圍內做些工作也好。」

「雖然現在不是最好的狀態，但簡單的工作應該還是處理得來。」

即使工作沒有做到最後，但只要開始行動，就能預防拖延。

也就是說，這個技巧並不是以完成行為為目標，而是以開始行動作為目標行為。

哪些地方會讓你「無意識」或「自動」採取行動？

←

以「開始行動」作為目標行為時，建議在日常生活中尋找各種可以開始行動的時機。

當我們以行為的開始——而不是成果或時間作為目標時，就能為行為創造開始的時機。

若能善用日常生活中的零散時間，可以提高開始行動的頻率。

例如，善用廁所就是大家耳熟能詳的技巧。將想背誦的英文單字或歷史年表貼在廁所的牆壁上，利用上廁所的時間來背誦。

雖然這個方法很古老，卻非常有效。每人每天都會使用家中的廁所，即使一天只待個五分鐘，一個月下來也會累積約一百五十分鐘。

這麼長的時間不加以利用，實在太可惜了。而且廁所是獨立空間，不會有人打擾。換句話說，廁所的環境很容易讓人集中注意力。

這個方法**最大的優點是，不需要刻意準備開始行動**。

當我們坐在馬桶上，所有行為所需的準備就已經自動就緒，我們只要閱讀文字就好。

如果興致一來，只要沒有家人打擾，別說五分鐘，想待上十分鐘或二十分鐘也不成問題。

這個方法的缺點是只能做一些可以在廁所裡完成的事情，但若能發揮創意，相信還是可以實現各式各樣的工作。

雖然剛開始心理上可能難以接受，但這只是習慣問題。如果是非常重要的工作，還是值得一試。

此外，與人約定見面時，不妨比約定時間提早三十分鐘以上抵達會合地點，利用等待時間處理工作。

這對工作上經常需要與人會合面談的人來說，尤其有效。無論地點是咖啡廳、公園長椅還是汽車內……，雖然只能處理一些可以在隨身攜帶的個人電腦或智慧型手機上進行的工作，但這段空檔往往更容易集中精神，工作會更有效率。

刻意提早抵達會合地點，可以為自己增加開始行動的機會，還能預防遲到，可說是一舉兩得。這比滑手機看社群平台殺時間來得更有意義。

善用「工作與休閒平衡」法，增加行動次數

對於經常開車的人來說，善用在高速公路服務區或休息站的時間處理工作，也是另一個善用零散時間的方法。

開上高速公路，通常會為了吃飯或洗手間而稍作休息，所以可以利用停車休息的時間作為起動行為的誘因。

最近，服務區通常設有提供充電插座的座位或工作區，而且如果只是短暫停留，大多可以免費利用。

許多地方通常全天候二十四小時開放，且空調設備完善。儘管規

模較小的停車場可能沒有如此完整的設施，但如果在車上工作，仍然不成問題。

就像玩雙陸棋的人生遊戲一樣一邊前進一邊賺錢，在高速公路上前進的同時，工作也有所進展，多少有點玩遊戲的趣味，也會令人感覺愉快。

如果工作的立即後果不好，自然不容易提高行動力。如果能有多一點的創意，可以或多或少減緩這些負面影響，相信開始工作的行為自然也會增加。

當你發現自己老是在休息做喜歡的事，沒有處理需要處理的工作，不妨**規定自己在休閒活動上用了多少時間，就必須用同樣的時間來工作**，說不定也很有趣。

舉例來說，偏偏在你想工作時，被你發現了有趣的影片。

這時你將陷入兩難，掙扎究竟該選擇工作還是看影片，不過大多時候你會選擇看影片。

既然你很可能會選擇看影片，不如規定自己既然要看影片，看多少時間的影片就必須工作多少時間，然後放開懷地看影片。

反覆這樣做，會形成**「喜歡的活動」與「難以開始的活動」交替進行的模式。據研究指出，這種方法非常有效。**

有個喜歡三溫暖的朋友曾經找我商量：「即使工作很忙碌，我還是會忍不住去洗三溫暖。克制不了自己，真的很苦惱。」

那時我建議他：「不用克制洗三溫暖，你要做的是規定自己，洗多久三溫暖，就必須工作一樣長的時間，這樣你每次洗三溫暖，工作也會有所進展。」

這種方法可以稱為「工作休閒平衡法」。這個方法沒有限制休閒活動的時間，因此有人可能會擔心可用的工作時間會變少。

然而，如果是原本就已經拖延、遲遲無法動工的工作，增加可以確實開始行動的機會，反而更有益。

實際上，朋友聽了我的建議後，說自己在三溫暖設施中完成了他最不想做的工作。後來，他不用靠三溫暖，也能順利完成工作。

特別是那些會讓你停手做不下去的工作，借助休閒的力量，或許也是不錯的選擇。

利用人們遵循偶然性的偏好，從「二分之一機率」開啟行動 ←

人們在面對想拖延的工作時，常會猶豫「到底該現在做、還是晚點再做？」

大多數情況下，立刻動工處理才是最好的選擇，然而當人們心中泛起以後再做的選項時，通常都會被這個選項所吸引。

這時，**「擲硬幣」**可說是有效的應對措施。

從以前，人們在做二選一的抉擇時，就經常利用擲硬幣的方法。作法是用手指將硬幣用力彈起，使其快速旋轉，並根據硬幣回落掌心時是正面或反面朝上來決定事情。

即使到了現在，足球或美式橄欖球在比賽開始前，官方規定也還是以擲硬幣來決定開球隊伍。

也就是說，我們也可以利用擲硬幣來決定，**正面的話就現在做，反面的話就晚點做**。

遇到想延宕的工作，即使人們會猶豫現在做或晚點做，但花越多時間思考猶豫，通常就越有可能推遲。

既然如此，**利用擲硬幣法二分之一「現在行動」的機率，可說是非常值得一試**。

知道漫畫《鬼滅之刃》的讀者，對於女劍士香奈乎在猶豫不決時，擲硬幣做決定的場景應該不陌生。

人們對於由擲硬幣、猜拳或擲骰子等偶然性得出的結果，即使無奈也不太會抗拒，大多會遵從結果行事。

讓偶然性的力量來促進行為開始，也算是一種樂趣。既然要做，當然是有趣的好。

十五分鐘法則也很有效！

←

我的導師（研究所的指導教授）曾告訴我，在研究發表或演講中，大多數人真正能專心聽講的時間「大約十五分鐘」。他建議我，發表時同一個話題不要講超過十五分鐘。

十五分鐘，看似很短，其實不然。如果實際測量，你會發現即使只有一分鐘，也會比想像中來得漫長。

回想起來，我自己在聽演講時，遇到艱澀的主題，也是大概專心聽個十五分鐘後，就開始分心想別的事。

也就是說，如果要進行六十分鐘的報告或演講，必須每十五分鐘就換一下內容，大約需要轉換三次。

就像寫作的起承轉合一樣，將六十分鐘分成四個部分講述，這樣聽眾才能保持專注。

這部分也可以由「立即後果VS延宕後果」原則來說明。

人們難以忍受長達六十分鐘的延宕後果，無法在沒有增強物的情況下連續聽講六十分鐘的談話。如果希望聽眾完整聽完六十分鐘的內容，就必須在過程中適度安排增強物。

否則，聽眾很容易分心開始想其他的事或昏昏欲睡。至少每十五分鐘，就需要提供一次增強物。

人們可以專注聆聽談話的時間就是十五分鐘，這個法則也同樣適

用於自己處理的工作上。

例如，假設小明從現在起打算專注工作九十分鐘。不妨想想，若以十五分鐘為一組的工作單位，那麼「在九十分鐘內，可以做幾組工作」？

雖然六組十五分鐘合起來正好是九十分鐘，但這意味著必須全程毫不中斷地保持專注持續工作，顯然這個安排一點都不切實際。

現實的計畫是，安排五組十五分鐘共計七十五分鐘的工作，且每組工作之間休息四分鐘，合計四次，休息十六分鐘，亦即工作七十五分鐘與休息十六分鐘，共計九十一分鐘。

換句話說，目標是在九十分鐘內進行五組十五分鐘的工作。反過來說，也可以想成是做了十五分鐘後即可休息。

這樣的思考模式是非常有意義的。許多人會認為，既然有九十分鐘的時間，就應該以專心工作九十分鐘為目標。

但前面我也提過，這個目標是不切實際的。即使一切順利，人們能專心工作的時間頂多就是七十五分鐘。

然而，**因為已經將目標設定為九十分鐘，所以即使工作了七十五分鐘，也不會覺得高興，反而可能認為自己未能按照計畫行事。**

明明付出了努力，自我評價時卻認為自己做得不夠好，無法對這七十五分鐘的努力給予任何增強物（正向回饋）。

●試著專注在「組數」而非「時間」

這些行為明明已經充分具備自我管理機制，卻失去了自我增強的機會，實在相當可惜。

如果以做五組十五分鐘為實際目標，那麼做滿七十五分鐘，即可視為達成目標，給予自己正面的自我評價，還能激發下次繼續努力的動力。

而且，每組完成後還能自我增強，喝杯茶，吃個巧克力，反覆給予自己小小的立即後果（提供增強物），更有望維持行為。

與其思考自己可以努力幾個小時，不如想想可以做幾組，反而更能大幅提升按照計畫行事的機率。

此外，也可以將十五分鐘法則應用在其他事情上。

當你很想做其他的事而不願意開始做真正該做的正事時，如果你能想到「不然做一組正事好了」，就已經相當了不起。

無論是有其他的誘惑或你忙不過來的時候，只要能完成一組十五分鐘該做的正事，也是非常值得肯定的。

因為，今後當生活中多出十五分鐘左右的空檔時間時，你很有可能就會用來工作。

此外，你一開始只打算做一組十五分鐘的工作，或許會因為做得順手，漸入佳境，從而產生了正向的自我評價，促使你想再多做一組也說不定。

使用計時器，視覺效果比數字更有效

遵循十五分鐘法則行動時，使用計時器會帶來更強大的效果。實際開始行動時，將計時器設定為十五分鐘，並採用倒數計時的方式，就能提醒我們設定的時間。

這時，**計時器會成為一種啟動目標行為的「誘因」，發揮自我管理中自我教導的作用**，增強行動力。

近年來，市面上出現了各種類型的計時器，智慧型手機的應用程式也推出了多種選擇。

使用簡單的廚房計時器當然沒有問題，不過也有像沙漏或油漏這種以視覺效果而非數字表示時間的計時器。

用視覺效果顯示時間，更能讓人直觀地掌握剩餘時間，因此可以預期擁有更大的影響力。

市面上有各種採用這類效果的商品（視覺計時器），不妨上網搜尋看看。

準備自己喜歡的計時器，不僅能促進十五分鐘法則的應用，更能讓使用計時器成為一種樂趣。

「時間計費」法，讓你只做該做的事

←

善用網路咖啡廳等計時收費的環境，也是一種應用十五分鐘法則的方式。

在網路咖啡廳或共同工作空間，通常會按十分鐘、三十分鐘或一小時等不同時間單位收費。

雖然有些地方也會提供三小時方案或六小時方案等長時間的計費

方案，但仍舊是計時收費。

當你不惜花錢也想讓自己專心時，可以利用這些場所，根據十五分鐘法則，搭配計時器，對自己施加更大的影響力，促進行動。

因為，在這十五分鐘內，如果只是發呆沒有做任何工作，人們通常會產生浪費金錢的厭惡感。

這種厭惡感是對花了十五分鐘做工作以外的事情的立即後果（懲罰物），因此會減少工作以外的行為。

也就是說，會進一步促進工作的行為。

不妨善用智慧型手機或碼錶，設定每十五分鐘響鈴或震動。

然而，金錢損失造成的厭惡感過度強烈時，可能會讓人厭惡起這份工作。所以建議在經濟寬裕，或是萬不得已需要逼迫自己專心工作的時候，再採用這個方法。

利用「起跑衝刺效應與期限效應」，輕鬆完成大目標

要在一段時間內維持相同的速度工作，是很困難的一件事。許多人在開始工作時，都會集中精神，並保持快速的節奏。然後隨著疲勞的累積，速度慢慢下降，又隨著結束時間的臨近，最後衝刺的刺激而再次恢復專注力。大致上這就是人們工作時的節奏。

開始處理工作時，效率提升的現象稱為**「起跑衝刺效應」**；接近尾聲時，工作效率提升的現象稱為**「期限效應」**。

為什麼會出現這些現象呢？

因為剛開始處理工作時，還沒有歷經工作帶來的疲勞、失敗或進度不如預期的煩躁情緒等負面的立即後果，因此如果有高度實現目標的動機，就會出現起跑衝刺效應。

然後，當工作期限或結束時間臨近，如果工作尚未完成，很可能會產生「工作沒有完成」的後果。這時，人們就會啟動「期限效應」，以阻止「工作沒做完」這個負向後果發生。

這是一種**「阻止懲罰物出現」的後效作用**。

當一份工作在時間上很充裕，截止期限還很長時，人們很難長期持續地埋頭工作。因為起跑衝刺效應和期限效應發揮的時機，都只會各自發生一次。

反過來說，**如果能創造多次的起跑衝刺效應和期限效應，工作或許會進展得更有效率**。

・準備認證考試。
・工作上的大型專案。
・為了塑造健美身材而減重。
・為了瘦十公斤而慢跑。

作法是將長期間的任務拆解成短期任務，並設定多個截止期限。

一般為了達成長期目標，多半會決定短期目標，就是這個道理。設定多個短期目標並連續執行，每個短期目標就會有各自的截止期限。這樣一來，起跑衝刺效應與期限效應就會反覆發生，從而提高工作效率。

如果只設定長期目標，成果必須經過很長一段時間後才會出現，行為必須仰賴延宕後果的支持，也就是行為不容易受到鼓勵。

畢竟基於「立即後果VS延宕後果」原則，設定短期目標，更能靈活應用立即後果的強大影響力。這是透過自我教導中短期的「目標設定」與每個期限的「自我評價」，來實踐自我管理。

別忘了，將反覆出現立即後果的後效作用，融入延宕後果難以維持的目標行為中，才是自我管理的核心所在。

第 6 章

試了各種努力
還是進展不順時，
要懂得自我關懷

～無論何時，都要「不厭其煩」
且「溫柔」地鼓勵自己～

「想努力卻又不想努力」這也是人的特性

前文中，我們探討了如何透過各種方法來幫助沒有如期行動的自己，養成如期行動的習慣。

然而，人生並不總是能夠盡如人意。我們在生活中常常受到偶然或突發事件而改變計畫，與他人的群居生活更是充斥著各種無法如願的狀況。

人是在一次又一次的失敗中成長。儘管有時不如人意，也是很自然的事。

不要期待自己完美無缺。

不如坦然接受**「人生就是不斷遭遇困難與挫折，重複過著前進與後退的循環過程」**。

當然，想要改善自己沒有如期採取行動的行為模式，這個想法並沒有錯。發生非期望的行為就應該改善，行為分析學也是為此目的而誕生的學問。

然而，在努力改善的同時，嘗試接受自己沒有如期行動的一面也很重要。

能夠同時擁有並調和兩種看似矛盾的想法，是人類特有的能力，也是人類的一大特性。

這種**矛盾心理（ambivalence）在人類的思維和情感中經常出現**。

例如，接受挑戰時，期待和不安往往同時並存；重要的人開始自立自主時，喜悅和悲傷的情緒也會交織在一起。

同時產生相反的情緒並非異常，我們不妨將之理解成能夠做到這一點正是人類的特點。

想努力和不想努力的心情同時存在，這一點也不奇怪。

拖延是人類的普遍現象，期望自己完全不拖延，是不切實際的。

不斷要求自己做做不到的事情，會影響心理健康。預想可能會出現某種程度的拖延，並容許不會造成實際損害的拖延，也是非常重要的。

在這個前提下，關鍵在於管理行為，以確保不會在日常生活中導致重大問題。

比起能夠承受打擊的「堅強」，更重要的是擁有能快速復原的「韌性」

←

然而，儘管我們都知道「天下不如意的事，十常八九」，但遇到不如意的事而感到沮喪，也是人之常情。

我們不可能隨心所欲地只控制不讓負面情緒產生。

心理韌性概念圖

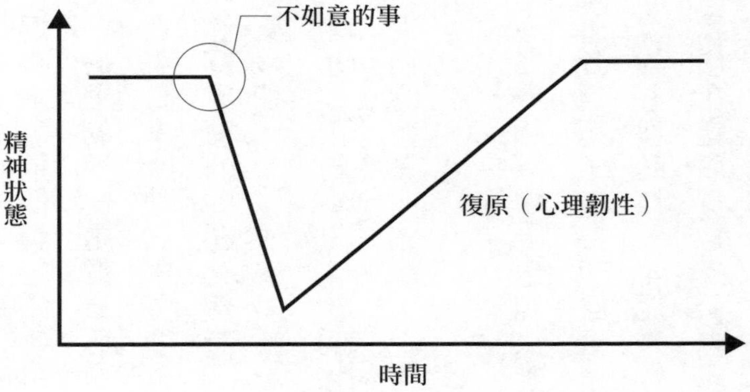

當事情不如意時，人們的精神狀態通常會往負面方向惡化。

不過，儘管避免不了沮喪，我們卻可以從沮喪的狀態中復原。

關鍵在於及時調整心態和想法，設法讓自己的精神狀態恢復到正向。

這種從心理逆境中復原的過程，就稱為心理韌性。

「復原」指的是把變形的物質恢復到原始狀態的物理力，也可以指自然界的復原力，比如森林遭到砍伐後恢復到原始狀態。

近年來，這個詞也開始用來**描述精神狀態**。

「心理韌性」這個概念會在日本普及，其實有個特殊背景。在東日本大地震中許多人遭遇不幸，在承受巨大壓力後，出現了心理健康方面的問題。然而，調查也顯示，有些人能夠相對快速地恢復正常生活。

因此，研究專家開始關注那些擁有高度復原力——也就是心理韌性的人們的特質。

在商業領域中，也越來越多人認為一個人在工作上能否成功，心理韌性比學歷或智商更重要。我所在的教育界也開始有人主張人們需要高度的心理韌性，才能良好適應團體活動。

我們在處理日常生活中遇到的各種問題時，自然需要不斷摸索，才能找到適合自己的方法。

這種不斷摸索的過程，在心理學中稱為「嘗試錯誤法」，是在反覆嘗試與失敗的過程中，找出解決方案的學習方法。既然要嘗試錯誤，就必須具備不畏失敗、持續挑戰的行動力。

這裡說的行動力，**並不是即使失敗也不氣餒的強大力量，而是即使失敗氣餒，也能迅速恢復、持續挑戰的柔韌力量**，也就是所謂的心理韌性。

打造即使不斷失敗，內心依舊強韌的自我

當你無法按照自己的計畫行動時，就應該嘗試上述的自我管理措施，努力找出適合當下狀況和自己的方法。

然而，這需要高度的心理韌性，也就是即使失敗也能繼續嘗試其

他方法的柔韌力量。

即使我們擁有知識，知道怎麼面對不如預期的情況，但實際應用時，仍有許多層面需要考慮，比如該使用哪個方法，或是何時何地開始等等。

要在事情未如期發展這種討厭的心情下，立即開始積極檢討，並不是件容易的事。

什麼是重視自己的「自我關懷」？

那麼，該如何提高心理韌性，讓自己開始積極考慮行動呢？

在失敗不斷的逆境中，「**用語言的力量，觸發自己正面思考**」或許是最正統且容易實行的作法。

也就是對身處在逆境的自己說一些安慰鼓勵的話。

例如，當結果不如預期時，可以聚焦在細節的部分來安慰自己，比如「至少有些地方做得不錯」。

「沒有人是完美的，在意也沒有用。」試著轉換心情。

「雖然沒有達成這次的目標，但比上次好，所以沒關係。」用綜觀的角度來審視結果。

又好比「發現了自己的弱點，這樣也不錯」，「知道下次該怎麼做了」等等，也可以試著將獲得對未來有利的資訊視為一種成果。

像這樣**溫柔地安慰和鼓勵身處逆境的自己，稱為自我關懷**。

當重要的人、朋友或家人情緒低落時，你溫柔鼓勵他們的行為稱為「關懷」。將這種行為用在自己身上，就是自我關懷。

換句話說，就是把自己看得和你珍惜的人一樣重要。

如果身處在忙碌的工作或任務中，事情又經常無法如期順利進行時，就會帶來不小的壓力，使得平時不太在意的瑣事也可能讓人變得情緒化。

或許會因小事感到憤怒，或是討厭自己被情緒掌控。

遇到這種情況時，請善用自我關懷。

不斷嘗試錯誤，選擇並實行最適合的自我管理方法，讓自己即使挫敗，也能利用心理韌性自我復原。

當負面想法再度出現時，不妨用自我關懷的方式說一些勉勵自己的話。

「總是會有難以集中注意力的時候，現在就先量力而為，哪怕只是一點小事。」

「即使不會立刻看到結果，重要的是去做自己決定要做的事。」

「就是因為不擅長，所以才要做。」

認清事情未如自己預期發展的現實，用言語溫柔鼓勵自我，將能促使自己繼續行動。

行動沒有成果時，該如何與自我對話？

像自我關懷這類鼓勵自己的善意話語，可以用來自我增強。即使沒有獲得理想的成果，仍然需要強化採取行動的行為。所謂的成果，是指達成某種目標，例如奪得第一名、達成目標的簽約數量或成績超過平均分數等等。

然而遺憾的是，即使持續努力，採取行動，也不保證一定能得到相應的成果，因為這會受到各種偶然因素影響。

無論多麼想努力完成工作，出現緊急情況時，也只能放下手邊工作應對這些問題，有時也可能會遇到身體不適的情況。

如果是與人合作的工作，成果就會根據合作對象的表現而有所不同。若是與人競爭的運動賽事，成績也會因對方的能力而異。如果是考試成績，也避免不了受到題目難度或粗心大意等因素的影響。

如果只將取得成果視為唯一的增強物，那麼在付出了艱辛的努力後，卻因偶然因素而未能得到成果時，將無法強化努力的行為。

這是一個很嚴重的問題。

明明採取了正確的行動，應該持續下去，卻因為偶然因素沒有得到成果，導致行為未能獲得增強而慢慢減少，這實在是相當可惜。

當一個行為本身是正確的，即使沒有得到成果，我們仍然需要設法增強這個行為。

這時，自我關懷的話語就能派上用場。

例如可以對自己說：**「雖然沒有立刻看到成果，但我下定決心了，也付諸行動了，我很棒！」**藉此增強即使沒有成果也已付諸行動的事實。

成果不理想時，不要責怪或否定自己，可以透過溫柔地自我勉勵，增強自我，比如「雖然這次沒有達成目標，但我比上次更進步了，所以沒關係！」。

這種自我增強是自我管理的一部分。自我增強並不限於給自己明確的獎勵，對自己說自我關懷的話語也是一種強化媒介，有助於實踐自我增強。

請百分百的善待自己！

增強物可以有很多種分類方式。我們一起來看看自我關懷這類鼓勵自己的話語屬於哪一種增強物。

●1 自我增強物VS他人增強物

相較於來自他人給予的增強物，自己給予自己的增強物稱為「自我增強物」。換句話說，自我關懷的話語可以說是一種自我增強物。

我想各位應該知道，來自他人的讚美是一種非常強大的增強物，然而這類他人增強物有一個很大的缺點。

那就是**他人增強物的取得非常不穩定，因為這完全取決於其他人是否願意給予。**

想在需要的時候從他人那裡得到你想聽的話，這並不容易。

因為，你必須在那些和自己親近且願意給予讚美的他人面前，做出目標行為，或詳細描述自己做過的事，才有機會獲得讚美。

況且，即使他們看到了你的行為，也不一定會說出你想聽的讚美。尤其是當沒有明確的成果時，他人出口讚美的可能性就會更低。

要知道，尋找合適的話語來稱讚那些沒有達成預期結果的人，其實是件很困難的事。

相形之下，**只要懂得掌握方法，就能穩定產生自我增強物**。

因為你總是在觀察自己的行為，所以你可以在行為發生後立刻給予自己口頭上的增強物。

而且更重要的是，你可以自己決定要用哪些話語來自我勉勵。有些人或許會覺得，明明沒有顯著的成果，還稱讚自己，未免也太厚臉皮。然而，從行為科學的角度來看，就是因為沒有成果，才需要增強機制來促進行為。這絕對值得我們跨越心理上的抗拒障礙，加以實踐。

2 立即增強物VS延宕增強物

自我關懷這類鼓勵自己的話語，可以在完成要求的目標行為後立即實施。換言之，這是一個立即後果。

即使失敗，也能在事後立刻說一些話鼓勵自己，例如「好，我知道下次該怎麼做了」。

言語上的自我增強具有立即實施的優點，是一種立即增強物。

透過努力累積得來的成果是一種延宕增強物，那麼為了在成果出現之前持續努力，我們就需要立即增強物。

如同前面所述，每個努力的過程往往是由成功與失敗交織而成，因此立即後果很可能是負面的。

在這種時候，**溫柔地對自己說些鼓勵的話語，既是自我增強物，也是立即增強物**。

立即增強物對行為的維持具有強大的影響力，由此可知自我關懷的話語對提供心理韌性的重要性。

一個人具有高度的心理韌性，意味著即使他身處逆境也能自我復原，並且持續行動，回歸日常生活。這就是為什麼幫助「立即增強行為」的話語會如此重要的原因了。

第 7 章

從今天起，
將「自動自發」
融入日常生活！

～本書最想傳授的行動祕訣
「五大增強物矩陣」～

改善行為，意味著改善增強物

自己總是沒有如期行動——。

這句話我們應該理解成：沒有按照計畫的是自己的「行為」，而不是自己的「意志」。

讀到這裡，你應該已經明白，控制行為的主要因素是行為的結果（後果）。結果是正向或負向，會影響行為的增減。若將行為的控制歸咎在意志力等因素，將難以找出具體的解決方法。

關於行為的具體改善方法，就是**規劃如何整頓環境，安排讓自己獲得什麼樣的結果**。

為此，我們需要思考如何將增強物——也就是可以強化行為的結果——融入日常生活中，讓自己做出期望的行為。

重要的是具體地在日常生活中建立行為與增強物之間的連結。

因此如何配置增強物，以便自然促使行為發生，並令其反覆出現，就顯得非常重要。

也就是說，**改善行為，意味著改善增強物**。

那麼改善增強物，我們應該遵循哪些步驟呢？

第一步必須先**了解自己的生活中已經存在哪些增強物**。

請試著回想自己在生活中自發性的行為，並思考這些行為受到哪些增強物的強化。

請盡量回想，無論是影響最小的增強物，或影響最大的增強物，你或許會發現生活中存在許多平時沒有注意到的增強物。

多數人對自己的增強物都只有粗略的了解，請仔細且詳細地思考那些影響行為的增強物。

然後，善用那些增強物，與拖延的行為建立連結，找出能讓你立即行動的方法。

然而，增強物這種東西，在缺乏線索的情況下是很難找出來的。

因此，我製作了一套名為**「增強物矩陣」**的表格，作為整理增強物的格式（見下頁表格）。

最上排的橫軸表示增強物的主要類型。

所有能夠增加或強化行為的結果（後果）都是增強物，所以增強物數不勝數。

因此，不可能將所有的增強物進行分類，不過在此挑選出五種主要的增強物類型。

就像人們為了掌握飲食中無數的營養素，使用了蛋白質、脂質、碳水化合物、維生素和礦物質等五大營養素的概念，我以此為參考，也將增強物分成五大類。

因此仿效五大營養素，稱之為「五大增強物」。

增強物矩陣表

	【生活】飲食、睡眠、休息	【人際】關注、笑容、對話	【代幣】貨幣、點數	【娛樂與文化】興趣、運動、藝術、時尚	【自己】自我記錄、自我評價、自我關懷、自我實現
每15分鐘					
每小時					
每天					
每週					
每月					

什麼是明顯提高行動力的五大增強物？ ←

五大增強物分為**生活**、**人際**、**代幣**、**娛樂與文化**、**自己**這五種。以下將個別說明。

● 1 生活

與生活相關，是**生存所必須的增強物，或是身體渴望的增強物**。

最典型的增強物與食物有關。我想不少人會把美食當作給自己的獎勵。

吃東西，是最強大的增強物之

一，因為那是生存所需的行為。

獲得食物和飲品本身就是一種增強物，就連進食前的烹煮行為也能成為增強物。

也有不少人認為泡茶或泡咖啡的過程本身就和飲用一樣愉快。對咖啡豆種類很挑剔的人來說，甚至會進一步地連購買咖啡豆的行為就足以成為增強物。

不妨將這些增強物和拖延的任務工作相連結。

我們每天都會吃東西，所以如果能在進食比如十五分鐘處理已經拖延的工作，之後就會開始習慣反覆做這份工作，慢慢累積出顯著的成果。

規定自己只能在處理拖延的工作過程中享用某特定品牌的巧克力，似乎也是個不錯的安排。

睡眠和休息等讓身體休息的行為，也是一種增強物。

在工作中適度休息，或在長時間工作後，躺下小睡、散步或洗澡，也都能有效地強化行為。

最近也越來越多的浴場或三溫暖，會在設施內部設置工作空間。工作遇到瓶頸時，不妨試著去這些地方工作一下，然後泡個澡或洗個三溫暖。

澡堂和三溫暖都是令人非常放鬆的地方，不僅能成為增強物，也有助於人們激發靈感或整頓思緒。

●2 人際

人際關係是一種**從他人關係中獲得的增強物**種類。最典型的增強物與關注有關，包括他人的目光、笑容和交談等等。

關注對增強行為有很大的作用。當自己的努力獲得他人的微笑或讚美，這些積極的關注都會鼓勵行為。

此外，關注並不限於面對面的場景，透過電子郵件或社群平台等網路工具，也能獲得他人的關注。

舉例來說，即使是自己常常會拖延的行為，如果能安排和朋友一起行動，彼此就能相互關注對方的努力。

透過電子郵件向同事或夥伴報告工作進度，並取得對方的回應，也具有增強的作用。在社群平台上向值得信賴的朋友或家人分享自己在工作上的挫折，接受他們的鼓勵，也是一種增強行為的方式。

這種從他人獲得的支持稱為社會支持，而主動創造機會讓自己獲得社會支持，也就是與他人建立關係作為自己的增強物，可說是廣義上的自我管理。

●3 代幣

代幣是一種**可以收集，並兌換成想要的物品或參與活動權利的增強物**，常見的代幣包括貨幣和點數。

貨幣或點數在累積到一定數量後，可以兌換物品或活動，因此可以成為增強物來增強行為。

我們大多數人領取貨幣作為工作的報酬，在購買物品或服務時收集點數，從這些常態來看，代幣作為增強物的強大效果自是不言而喻。

例如，你可以設定個人規則，在處理先前一直拖延的工作那天可以獲得一點，累積三點後，你就得到外出用餐的權利作為獎賞，藉此來增強處理工作的行為。

這種用點數作為增強物的好處是，可以按照自己喜歡的時機給自己點數，這樣能讓行為產生立即後果。

如果用視覺化方式呈現，例如將獲得點數的記號或文字記錄在日曆等地方，可以進一步提高增強物的效果。

假設你有值得信賴的幫手，另一個方法是先將一筆錢例如五萬日圓交給這位幫手，並約定你每減少一公斤體重，就歸還你一萬日圓。

這個方法只是將你自己的錢轉來轉去，你並沒有真正的損失或獲利，然而拿回錢這件事，仍然足以發揮增強物的作用。

這聽起來或許有些不可思議，但類似的事情其實經常發生。

就好比從薪水預扣的稅金在結算後可以退稅的情況，若以現金返還會令人非常開心，就是類似這個情況。

雖然只是拿回原本就屬於自己的東西，也能成為增強物，且有望改變行為。

●4 娛樂與文化

與娛樂與文化相關的增強物可透過**興趣、運動、藝術或時尚等休閒活動獲得**。

這些都是人們在假日等生活中的自由時間，付出精力和時間自願參與的活動。

這些活動並不是為了謀生或賺錢，參與活動就是目的，也是樂趣所在。

可以把參與這類活動的行為作為一種增強物。

這些活動包括看電影、閱讀、觀看運動比賽，或是爬山或抱石等體能活動，以及聽音樂、唱歌或畫畫等等。

其他如查看時尚資訊、去美容院、穿戴喜歡的衣服或配飾，與文化相關的增強物範圍廣泛，因人而異。

如果能把這些增強物與拖延行為連接起來，那麼一直難以著手處理的工作或許也會變得有趣一些。

方法是你必須設計生活，讓自己在做了先前拖延的行為後，立刻體驗這些能增強行為的活動。

重點是在享受快樂的活動之前，必須先處理目標工作。有人可能會覺得克制享樂反而會很痛苦，這時會建議先不要太貪心，試著在短時間內處理工作。

畢竟工作已經拖延，哪怕只做十五分鐘或三十分鐘，也比完全不做好上一百倍。哪怕時間很短，養成利用零散時間行動的習慣吧！

此外，如果是已經拖延很久的工作，一邊工作一邊聽音樂、聽有聲書或播放影片，也不失為一個方法。

當然，這樣做可能會讓你難以集中注意力、降低效率，但總比什麼都不做來得強。

前文中已經提過，對於拖延的工作，重視行為的開始會比關注成果來得更有幫助。

如果想等自己打理好一個可以專心工作的環境後再開始，那麼這份工作就會被推遲，直到你整理好環境。

透過反覆「想到就做」的行為模式，哪怕時間很短，也能改善拖延的行為模式。

5 自己

關於「自己」的增強物，指的是**獲得和自己相關的資訊**。

這可能是透過紀錄或資料來掌握自我的成長或變化，也可能是自己用語言描述自我的改變。

對自己回饋自我行為的紀錄，會帶來行為上的變化，所以這樣的回饋就成了一種增強物。

當我們意識到自己開始有正向的變化時，會感受到自我的成長或成就感。

前面所提到的自我關懷，是對自己描述自身的處境、過去行為或未來行動的方向，所以可以作為一種自我增強的增強物。

此外，察覺自己被他人需要的價值，或了解自己在社會中的定位，也能成為增強物。

也就是說，感受自己對他人有幫助，或在社會中找到自己的歸屬，透過語言表達出來，也能發揮自我增強的作用。

描述自己的夢想或目標也能成為增強物。

當我們感受到自己的行為或辛勞付出的努力，與自己追求的目標方向一致時，這種感覺稱為自我實現，也可以說是一種自我增強物。

在生活中安插「行動誘因」

在增強物矩陣中，橫軸表示上述五大增強物的種類，縱軸表示增強物生成的時間。

透過填寫矩陣中的空白欄位，可以幫助你綜觀自己生活中分布了哪些增強物。

藉由增強物的觀點審視自己的生活，將能凸顯生活的結構、平衡和林林總總的行為。

在填寫矩陣表的同時，請想想如何將增強物與拖延的工作連結在一起。

以下的表格是增強物矩陣的填寫範例。

表格中填寫的增強物都是可以提升行動的誘因、處理已經拖延的工作。

增強物矩陣表填寫範例

	【生活】 飲食、 睡眠、 休息	【人際】 關注、 笑容、 對話	【代幣】 貨幣、 點數	【娛樂與文化】 興趣、運動、 藝術、時尚	【自己】 自我記錄、 自我評價、 自我關懷、 自我實現
每15分鐘	一片洋芋片	欣賞同伴的笑容、努力的身影		工作時播放音樂等等	確認自己專心的程度
每小時	喝茶休息	交談、 讚美語句	一小時的集點制度	觀看影片、 網路	稱讚自己的行為
每天	用餐、小睡、散步、晚間小酌	在社群平台互相勉勵	一天的集點制度	閱讀、 玩遊戲、 觀看運動比賽	從清單上刪除完成的待辦事項
每週	吃大餐、 澡堂泡湯、 洗三溫暖	透過電子郵件聽取他人的意見	兌換點數的獎勵	卡拉ＯＫ、 抱石運動	確認這一週的成果，說一些自我激勵的話
每月	推拿、按摩	聚餐	薪水	去美容院、 買衣服等等	認同自己的行為不斷向目標邁進

當然，實際填寫的內容會因人而異。

不妨根據日常生活中既有的增強物，列出你希望擁有的其他增強物。

接下來，我將舉例說明如何根據不同的時間來為自己安排增強物。

●1 每十五分鐘

誠如前文所述，本書是以「分鐘」作

為一般人能維持高度專注力的基本單位。因此試著思考每十五分鐘可以獲得什麼樣的增強物，是很有幫助的。

在範例的**【生活】欄位中，每十五分鐘填寫的增強物是「吃一片洋芋片」**。這可以想像成手邊就有一包洋芋片，一邊工作偶爾吃一片的感覺。

在某些場合，這樣的行為可能會被認為不成體統，但如果這樣就能讓你開始處理拖延的工作，那絕對值得一試。

在意熱量的人，也可以改成喝咖啡等飲料。

十五分鐘只是一個參考值，可以自行設定分鐘數。

也可以**搭配【自己】的欄位，確認自己專心的程度，然後給自己一片洋芋片**。

洋芋片吃完的話，不妨**參考【娛樂與文化】欄位中的例子，聆聽喜歡的音樂**，偶爾分神想一下「這音樂果然好聽」，一邊處理工作。

如果身旁有夥伴一起工作，不妨**如【人際】欄位所描述，偶爾看**

看他們的笑容或埋頭工作的身影，體會「我不是唯一一個在努力工作的人，身邊還有相互扶持的朋友」的感受，這會帶來莫大的鼓勵。

●2 每小時

每工作一個小時到一個半小時，我們似乎就會想要休息。

如果一直做類似的工作，會慢慢厭倦而失去專注力。在這種情況下，如果繼續勉強工作，只會降低效率，還會心生厭惡感，所以不如**參考【生活】欄位中安排一小段喝茶休息的時間**，作為工作的增強物，反而是聰明的作法。

這時不妨一邊喝茶，一邊**稱讚自己的行為**，例如「我剛剛很努力喔，只要肯做我一定做得到」等等。

如果有夥伴在身邊，**一邊喝茶一邊交談，互相稱讚對方的努力**，更是再好不過。

此外，這時可以套用自行設定的**【代幣】規則，比如「每工作一**

小時就給自己一個點數」，之後可以用這一點來兌換十五分鐘的影片觀賞或遊戲時間，巧妙地犒賞自己。

在【代幣】中，請試著靈活調整兌換率，比如遇到不好處理等挑戰性更高的工作內容時，可以每小時給自己二點或三點。

影片和遊戲都是容易讓人過度沉迷的活動，所以這種兌換機制也有助於避免沉迷其中。

有些人可能會認為這種作法太寬鬆，但反正是個人會忍不住想做的活動，與其限制，不如作為增強物善加利用，來促進工作或行為還比較有幫助。

「沉迷」的問題出在一味做正事以外的活動，但如果是做了該做的事之後才做其他的活動，這就不是什麼大問題。

● 3 每天

每天的欄位是用來填寫在一天的循環中，固定會出現一到兩次的增強物。

在**【生活】**中，例如午餐或晚餐幾乎是每天定期會發生，非常穩定的活動。如果能養成在用餐前處理一份工作的習慣，就有很大的機會改變沒有按照計畫行動的自己。

每天安排一次**「小睡」的休息來消除疲勞，或是「散步」**來**轉換心情或思緒**，也都是很有效的方法。

這些不僅能作為增強物，還能消除精神方面的疲勞，有望提高後續的工作效率。

此外，相信許多人回家後都會**閱讀、玩遊戲、觀看運動比賽等享受等，進行【娛樂與文化】增強物**相關的活動。

雖然下班後做這些活動也很好，但如果能將這些活動**與【代幣】點數兌換的獎勵活動連結**起來，也不失為一個好主意。

此外，如果你經常使用便利貼或應用程式來管理待辦事項清單，不妨在當天把完成的清單項目劃去或刪除，或是直接丟棄便利貼。

這樣的動作本身就是一種令人愉悅的增強物。

不妨配合這個時機，給自己足夠的點數來兌換週末吃一頓大餐的獎勵，如果喜歡喝酒，「晚間小酌」也是個不錯的選擇。

即使當天工作進度不如預期，只要在某方面你確實付出了努力，不妨**在社群平台和值得信賴的朋友交流，尋求他們的鼓勵**。

●4 每週

其實我們也有不少活動是以一週為週期循環。不用說，學校或工作的活動大多是以一週為週期，所以我們經常會在週末假期做一些可能成為增強物的活動。

像是選擇**在外用餐作為獎勵**，也可能是在家做一頓豐盛的料理。在假日，我們常常會做一些調整身心或自我充實的活動，比如去「**澡堂或三溫暖**」調整身體和心情，或是去「**卡拉OK或抱石攀岩**」鍛鍊技能。

如果**把每天活動的增強物所累積的「點數」用來兌換假日進行的活動**，這將建構一個良好的循環。

至於容易拖延的進度報告，相信沒人會想頻繁地聯絡主管報告工作進度，這時不妨透過電子郵件**「每週向主管報告一週來的成果」**，對方確認後應該會給予意見回應。如果收到正面回饋，這當然具有增強行為的作用，但有時對方也可能給予負面的意見。

在這種情況上，不妨溫柔地對自己說一些**「自我鼓勵的話」**，自我關懷，幫助自己快速復原（心理韌性）。

●5 每月

我們還有許多以月為週期進行的活動，可以發揮類似增強物的作用，這可能和大多數人每月**「領薪水」**的週期有關。

發薪日後，手頭上的資金較為寬裕，有些人可能會去享受一些相對高價的服務，例如**「推拿或按摩」**，或是與朋友夥伴之間**「聚**

餐」、**「至美容院消費」**、**「買衣服」**等等。

我們很容易忘記，這些迷人的活動其實是自己一個月持續努力後的成果。請提醒自己這一點，並給予讚美。

如果可以，請試著在享受這些迷人的活動之前，處理一部分已經拖延的工作。

此外，也可以在發薪日那天，查看薪資明細，回顧過去一個月**「自己確實為了達成目標而採取行動」**，確認自己達成了小小的自我實現。

透過增強物矩陣的建立，或許會幫助你了解自己生活中受到很多增強物支持，但也可能反過來讓你意識到，生活中能成為增強物的素材很少。

然而，**能夠達到這樣的理解，可說是改善增強物的好機會**。試著擴大增強物的種類，並將之均衡地融入生活中。**改善增強物，就能改善行為**。

後記　正因為沒有盡如人意，人生才會這麼有趣！

人生往往無法盡如人意。這會令人痛苦、悲傷，甚至自怨自艾。然而，或許正因為不如人意，人生才會這麼有趣。

老是沒有如期行動……明明想做卻沒有做到……我們在面對思考和行動脫節的自己時，會強烈渴望理解自己這個不可思議的生物。自我了解是人生的妙趣所在，也能得到理解後不可替代的喜悅。

探索世界和認識自己是一體兩面的，都能激發我們的求知欲。這種自我了解的喜悅，似乎就是來自面對沒有如期行動的自己，深入探究其背後運作的機制。

我想有很多方法可以了解人性固有的矛盾心理以及產生矛盾的機制，本書主要著重在行為科學的觀點來進行說明。

我會察覺行為科學的意趣，也是因為對無法如期行動的自己產生興趣。

因為事情沒有按照計畫完成，反而讓我認識了自己，也為我打開通往科學理解的大門。

科學的一大特色，就是承認失敗。我認為科學遵循著「仔細分析『失敗』的過程，藉以促進未來發現」的原理。

同樣的方法也適用於了解他人和了解自己。仔細分析自己為什麼沒有如期行動，以及工作為什麼沒有如期進展，可以加深我們對人的理解、認識自我。

跨越自己沒有如期行動的厭惡感，坦然面對這樣的自己，不僅能解決工作和生活中的課題，相信也會帶來豐富人生的大好機會。

在閱讀本書的過程中，讀者若能稍微體會自我了解的喜悅，將是我最大的榮幸。由衷感謝各位一路的陪伴。

竹內康二　敬啟

作者

竹內康二

明星大學心理學系心理學科教授。

身心障礙學博士，持有心理師、臨床心理師執照。專業為應用行為分析學。生於 1977 年，筑波大學博士課程修畢。於明星大學任職專任講師、副教授後，晉升教授。積極利用應用行為分析學方法，解決學校或公司中一般難以改善的行為問題。認為「所有行為都有其意義。」並由此觀點出發，致力分析一般「無法理解為什麼要那樣做」的行為。

著作包括《支援發展啟示的 36 個目標與 171 個方法》（共生社會研究中心）、《利用圖卡與自閉兒溝通── PECS 與 AAC》（二瓶社／合譯）等書（以上書名皆為直譯名）。

用科學告別拖延腦，不靠意志力！

日本名校教授教你透過「行為分析學」解鎖高效人生，讓你零壓力成為行動派

作者竹內康二
譯者林姿呈
主編蔡嘉榛
責任編輯孫珍
封面設計徐薇涵 Libao Shiu
內頁美術設計董嘉惠

執行長何飛鵬
PCH集團生活旅遊事業總經理暨社長李淑霞
總編輯汪雨菁
行銷企畫經理呂妙君
行銷企畫主任許立心

出版公司
墨刻出版股份有限公司
地址：115台北市南港區昆陽街16號7樓
電話：886-2-2500-7008／傳真：886-2-2500-7796／E-mail：mook_service@hmg.com.tw
發行公司
英屬蓋曼群島商家庭傳媒股份有限公司城邦分公司
城邦讀書花園：www.cite.com.tw
劃撥：19863813／戶名：書虫股份有限公司
香港發行城邦（香港）出版集團有限公司
地址：香港九龍土瓜灣土瓜灣道86號順聯工業大廈6樓A室
電話：852-2508-6231／傳真：852-2578-9337／E-mail：hkcite@biznetvigator.com
城邦（馬新）出版集團 Cite (M) Sdn Bhd
地址：41, Jalan Radin Anum, Bandar Baru Sri Petaling, 57000 Kuala Lumpur, Malaysia.
電話：(603)90563833／傳真：(603)90576622／E-mail：services@cite.my
製版・印刷漾格科技股份有限公司
ISBN978-626-398-142-3・978-626-398-139-3（EPUB）
城邦書號KJ2112 **初版**2025年1月
定價380元
MOOK官網www.mook.com.tw
Facebook粉絲團
MOOK墨刻出版 www.facebook.com/travelmook

國家圖書館出版品預行編目資料

用科學告別拖延腦,不靠意志力!：日本名校教授教你透過「行為分析學」解鎖高效人生,讓你零壓力成為行動派/竹內康二作；林姿呈譯. -- 初版. -- 臺北市：墨刻出版股份有限公司出版：英屬蓋曼群島商家庭傳媒股份有限公司城邦分公司發行, 2025.01
208面；14.8×21公分. -- (SASUGAS； KJ2112)
譯自：めんどくさがりの自分を予定通りに動かす科学的方法
ISBN 978-626-398-142-3(平裝)
1.CST: 行為心理學 2.CST: 自我實現
176.8　　113017521